Katakana
IMPARARE IL GIAPPONESE

GUIDA ALLO STUDIO E ESERCIZI DI SCRITTURA

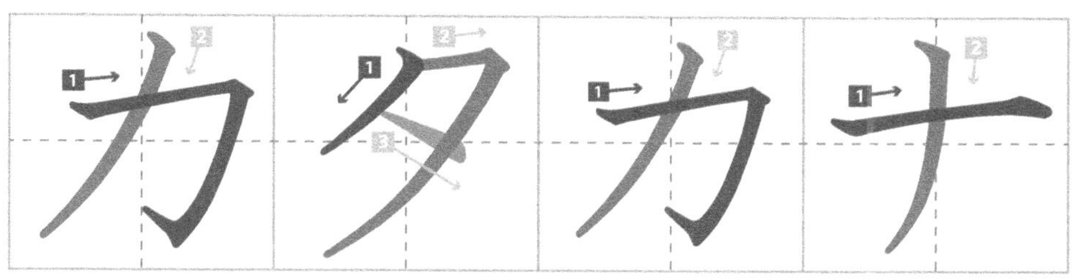

LIBRO DI LAVORO | PER PRINCIPIANTI

© Copyright 2020 George Tanaka
Tutti i Diritti Riservati

POLYSCHOLAR

www.polyscholar.com

CONTENUTI

Suggerimento: *Questo libro funziona meglio con penne gel, matite, biro e supporti simili. Prestare attenzione ai pennarelli e all'inchiostro, poiché i supporti pesanti o bagnati possono provocare sbavature o passare alle pagine seguenti.*

Qui troverai alcune caselle di prova per verificare quanto saranno adatte le tue penne:

IMPARANDO IL GIAPPONESE

Imparare a leggere, scrivere e parlare Giapponese è molto più semplice da come potrebbe sembrare a prima vista. **Katakana** è il secondo script che impareremo e condivide molte regole con il primo, *Hiragana*. Questo libro è stato progettato per rendere questo affronto più **facile** e veloce.

Inizieremo con una breve osservazione del Sistema Linguistico Giapponese; nel caso in cui non avessi ancora completato il **nostro Libro di Lavoro Impara il Hiragana**. Dopo la nostra breve occhiata ai diversi "alfabeti" *(sì, ce n'è più di uno!)* continueremo direttamente a **imparare il Katakana!**

COME USARE QUESTO LIBRO

Come con l'apprendimento di qualsiasi altra lingua, la ripetizione è uno dei modi più veloci per imparare. Questo libro di lavoro contiene pagine di istruzioni progettate con cura che ti insegneranno come scrivere ogni carattere, facendoti esercitare nella tua nuova conoscenza della calligrafia Giapponese:

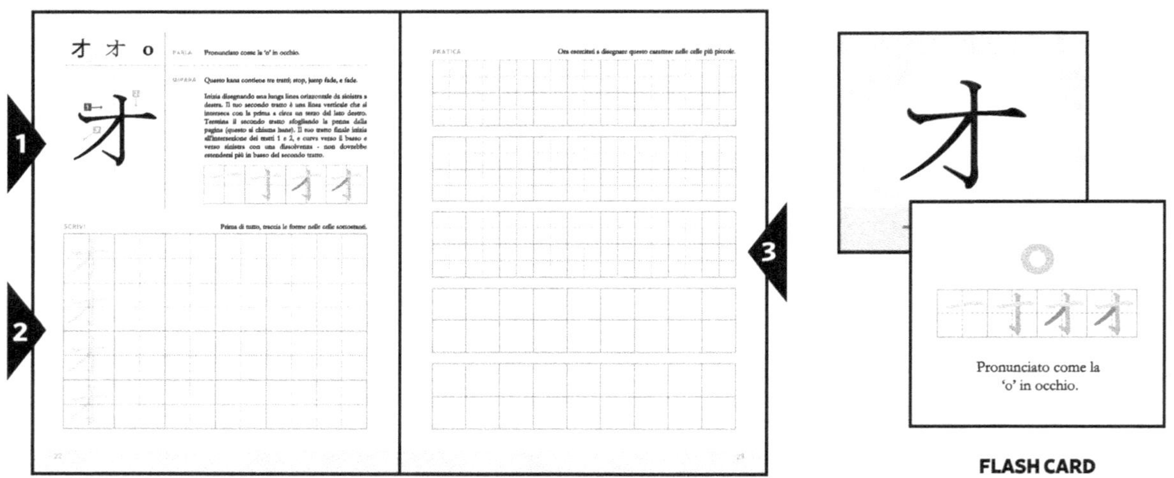

Verso la fine di questo libro di lavoro, troverai sezioni di griglie aggiuntive che puoi usare dopo aver imparato a scrivere un po' *(o anche tutto)* il Kana - queste pagine di griglie vengono tradizionalmente conosciute come Genkouyoushi *(o 原稿用紙 in Giapponese)* che il che significa "carta manoscritta".

La parte finale di questo libro di lavoro contiene una serie di pagine in stile flash card che possono essere fotocopiate o ritagliate. Le pagine sono un ottimo modo per aiutarti a memorizzare i simboli e mettere alla prova le tue conoscenze. *Gli allievi più giovani devono cercare l'aiuto di un adulto per ritagliare le pagine!*

SCRITTURE GIAPPONESI

Durante l'apprendimento, incontrerai quattro tipi di script diversi (o alfabeti). Anche se all'inizio potrebbe sembrare complicato, inizierà ad avere molto più senso in un attimo – specialmente dopo aver imparato già uno!

RŌMAJI　ローマジ

Il quale significa 'caratteri romani', questa, in realtà è solo una rappresentazione della lingua Giapponese utilizzando caratteri Inglesi. Viene utilizzata solo per tradurre la lingua in una forma che i non Giapponesi possano comprendere. Non è comune nell'uso quotidiano.

Gli altri tre script, **Hiragana, Katakana, e Kanji** vengono usati sempre e sono tipicamente combinati per creare parole e frasi nella scrittura quotidiana Giapponese. Ogni script ha il suo scopo e insieme ci dicono il significato delle parole, da dove vengono e come dovrebbero essere dette.

HIRAGANA　ひらがな

あいうえおかきくけこ

Questo è il primo script che dovremmo imparare e consiste in semplici caratteri realizzati con forme *arrotondate*. A differenza dell'alfabeto inglese, questo è un **script fonetico**, e ogni carattere rappresenta un suono di sillaba. Ogni volta che vedrai un carattere specifico, saprai come suona.

KATAKANA　カタカナ

アイウエオカキクケコ

Anche questo è un semplice script fonetico. Katakana **rappresenta gli stessi suoni delle sillabe come Hiragana** ma viene usato per parole *prestate* da altri linguaggi, per esempio, per nomi stranieri, tecnologie moderne o cibi. Il loro aspetto è più spigoloso e appuntito.

KANJI 

Il quale significa 'Caratteri Cinesi', **Kanji** contiene caratteri presi in prestito dalla lingua Cinese. A differenza degli altri script che rappresentano i suoni, i simboli in **Kanji** mostrano blocchi di significato, come parole intere o un'idea generale riguardo a qualcosa.

年 本 月 生 米 前 合 事 社 京

Esistono letteralmente migliaia di Kanji e vengono creati nuovi tutto il tempo, quindi sono una vera sfida anche per i linguisti più avanzati. Esiste una logica riguardo al modo in cui sono creati, quindi eventualmente sarà possibile capire o indovinare simboli che non hai visto prima.

SILLABARI KANA

Hiragana e Katakana (spesso conosciuti come Kana) ciascuno ha **46 caratteri di base** che, a differenza dei caratteri inglesi, rappresentano un diverso suono parlato (invece di un carattere). Praticamente, tutti questi suoni vengono basati su soli 5 "suoni vocali" a cui aggiungiamo un suono di consonante davanti per crearne nuovi. *Prometto che sarà più facile di quanto sembra!*

Hiragana	あ	い	う	え	お
Katakana	ア	イ	ウ	エ	オ
Romaji	a	i	u	e	o
	'ah'	'ee'	'oo'	'eh'	'oh'

Praticamente tutti i suoni Giapponesi sono basati su solo 5 "suoni vocalici" che prefissiamo con un suono consonante per formarne di nuovi.

Questo libro ti mostrerà come scrivere i Katakana di base, e anche come i suoni extra sono creati combinando i simboli di base. Entro la fine del libro, sarai in grado di scrivere i caratteri che compongono la maggior parte dei suoni necessari per il Giapponese.

Le prossime pagine contengono molte informazioni, ma cerca di non farti travolgere. Oltre ai grafici di tutti i Kana di base che imparerai, analizzeremo alcune delle regole di base per combinare questi simboli, quindi è il momento di mettere il nero sul bianco!

Questo grafico mostra i 46 Katakana di base con **un'ortografia** in Romaji per un suono fonetico simile. I suoni vocalici sono in alto e le loro versioni controparti con suoni consonantici sono mostrate sotto di loro. **fai attenzione all'eccezione 'n' - anche, *wo è un kana non comune.*

Suoni di vocali

	a	i	u	e	o
	ア (a)	イ (i)	ウ (u)	エ (e)	オ (o)
k	カ (ka)	キ (ki)	ク (ku)	ケ (ke)	コ (ko)
s	サ (sa)	シ (shi)	ス (su)	セ (se)	ソ (so)
t	タ (ta)	チ (chi)	ツ (tsu)	テ (te)	ト (to)
n	ナ (na)	ニ (ni)	ヌ (nu)	ネ (ne)	ノ (no)
h	ハ (ha)	ヒ (hi)	フ (fu)	ヘ (he)	ホ (ho)
m	マ (ma)	ミ (mi)	ム (mu)	メ (me)	モ (mo)
y	ヤ (ya)		ユ (yu)		ヨ (yo)
r	ラ (ra)	リ (ri)	ル (ru)	レ (re)	ロ (ro)
w	ワ (wa)		ン (**n)		ヲ (*wo)

Consonanti

DIACRITICI

Come con l'Hiragana, esistono 25 simboli Diacriti in **Katakana**. Sono usati allo stesso modo, per mostrare quando sillabe dal suono simile devono essere espresse in modo diverso. Ancora più conveniente, i segni per mostrare questo cambiamento nel suono sono identici:

Base   con Dakuten   con Handakuten

Le regole per i simboli diacritici Katakana funzionano allo stesso modo. *Dakuten* e *Handakuten* ci mostrano che la parte consonante del suono deve essere cambiata quando viene pronunciata:

- il suono-**k** viene pronunciato con un suono-**g**.
- i suoni-**s** cambiano in suoni-**z** *(ad eccezione di* し*)*.
- i suoni-**t** diventano suoni-**d**.
- i suoni-**h** diventano suoni-**b** con *Dakuten*.
  - ...oppure suoni-P con *Handakuten*

	a	i	u	e	o
k ▸ g	ガ ga	ギ gi	グ gu	ゲ ge	ゴ go
s ▸ z	ザ za	ジ ji	ズ zu	ゼ ze	ゾ zo
t ▸ d	ダ da	ヂ dzi (ji)	ヅ dzu	デ de	ド do
h ▸ b	バ ba	ビ bi	ブ bu	ベ be	ボ bo
h ▸ p	パ pa	ピ pi	プ pu	ペ pe	ポ po

DIGRAFI

Ecco anche i digrafi per **Katakana**: ancora una volta, usiamo due caratteri di base per mostrare dove due suoni di sillabe sono combinati per crearne un altro. *Facile, no?*

キ + ヤ = キャ
(ki)　(ya)　(kya)

I caratteri usati hanno gli stessi suoni dei due Hiragana corrispondenti. L'importanza di scrivere il secondo simbolo più piccolo del primo vale ancora.

La pronuncia di questi suoni *composti* Katakana è altrettanto semplice - per esempio, キ (ki) + ヤ (ya) diventa キャ (kya) e viene pronunciata come 'kiya' *senza il suono della lettera 'i'*.

Questa tabella sembra complessa, ma ricorda che i Digrafi sono realizzati **esclusivamente** con le lettere dalla colonna イ /i *(esclusa)* e modificata dalle lettere dalla riga Y!

キャ	キュ	キョ		ギャ	ギュ	ギョ
kya	kyu	kyo		gya	gyu	gyo
シャ	シュ	ショ		ジャ	ジュ	ジョ
sha	shu	sho		ja	ju	jo
チャ	チュ	チョ		ニャ	ニュ	ニョ
cha	chu	cho		nya	nyu	nyo
ニャ	ヒュ	ヒョ		ビャ	ビュ	ビョ
hya	hyu	hyo		bya	byu	byo
ピャ	ピュ	ピョ		リャ	リュ	リョ
pya	pyu	pyo		rya	ryu	ryo
ミャ	ミュ	ミョ				
mya	myu	myo				

DOPPIE CONSONANTI

Anche le parole Giapponesi in Katakana possono contenere un suono a doppia consonante. Queste parole caratterizzano anche il piccolo ツ /tsu *(chiamato sokuon)* per mostrare che dovrebbe essere pronunciato in modo diverso. Diamo un'occhiata a un altro esempio per Katakana:

ペット

petto

(pe ⟵ to)

Senza il piccolo ツ *(tsu)*, la parola ペト *(peto)* non ha alcun significato, ma ペット *(petto)*, con il *sokuon*, significa *animale domestico* - come un criceto o un gatto!

Notare che il piccolo ツ viene messo **prima** del carattere. Quando vedi le parole con questo modificatore, la parte consonante del simbolo che lo segue *(in questo esempio, la lettera 't' in 'to')* viene aggiunto alla fine del suono.

Entrambe le consonanti devono essere ascoltate separatamente quando la parola viene pronunciata, come dire: **'pet-to'** ma senza lasciare un vuoto che può essere ascoltato

SUONI VOCALICI ALLUNGATI

Dobbiamo essere consapevoli anche dei suoni vocalici allungati *(ad esempio. aa, ii. oo, ee, e uu)*. Quando viene parlato, la durata del suono viene estesa (di solito il doppio) ma quando viene scritto in Katakana usiamo una linea ー (chiamata 伸ばし棒, la quale letteralmente significa "barra di stretching").

Questo è un modo in cui Katakana differisce dall'Hiragana, a parte le forme, poiché utilizza un simbolo vocale aggiuntivo per denotare un suono vocale allungato. Diamo un'occhiata ad alcuni esempi:

フ + リ = フリー   ケ + キ = ケーキ

(fu) (ri)—   fu-rii *(gratis)*   (ke)— (ki)   kee-ki *(torta)*

Bisogna notare che la "barra di stretching" viene ruotata su una linea verticale quando il testo viene scritto verticalmente.

DIREZIONE DELLA SCRITTURA

I testi giapponesi sono spesso visti disposti in colonne verticali che vengono scritte e lette dall'alto verso il basso una colonna alla volta, a partire dal lato destro della pagina. Dopo la fine della Seconda Guerra Mondiale, è più familiare l'uso dell'orientamento orizzontale – la lettura dalla sinistra alla destra, come nella lingua inglese. Questo vale per tutti i diversi script.

Il testo in questi esempi è identico, ad eccezione della direzione della lettura e scrittura:

1.
私は犬を飼っています。
彼女は行儀が良い。
彼らは寝るのが好きです。
多くの場合、一日中。
多分彼女は怠け者です。

2.

Tategaki
縦書き
('scrittura orizzontale')

1.
2.
私は犬を飼っています。
彼女は行儀が良い。
彼らは寝るのが好きです。
多くの場合、一日中。
多分彼女は怠け者です。

Yokogaki
横書き
('scrittura verticale')

Entrambi questi stili sono accettati e vengono spesso scelti in base al layout e al design del documento. In generale, i layout verticali vengono utilizzati per i testi tradizionali, mentre il testo orizzontale si trova nella scrittura più moderna o nei documenti ufficiali. Una cosa da ricordare è che i libri con il stile di scrittura tategaki *(verticale)* sono rilegati in modo opposto ai libri in Inglese, quindi inizi effettivamente a leggerli dalla copertina posteriore!

PRONUNCIA

Imparare a pronunciare bene il Giapponese inizia quando impari gli script Kana, poiché coprono la maggior parte dei suoni di cui abbiamo bisogno per l'intera lingua. È importante esercitarsi in questa fase iniziale se si desidera sviluppare un accento dal suono naturale e nativo.

Appunto:
Questo libro di lavoro include un'introduzione molto semplice alla pronuncia Giapponese, poiché viene insegnata in modo più efficace con audio. Ciascuna delle pagine di esercitazione utilizza una parola o una sillaba dal suono simile dall'Italiano per descrivere i suoni - è buona pratica ripeterle ad alta voce mentre avanzi con il libro.

TRATTI & LINEE

Gli script giapponesi sono stati originariamente scritti con un pennello e hanno un aspetto dipinto come l'inchiostro. Ora vengono usate le penne moderne ma è importante che impariamo a scrivere con i movimenti e i tratti tradizionali. Convenientemente, il carattere Hiragana け (o 'ke') contiene ciascuno dei tre tipi di tratto che userete - per aiutare a descrivere come scrivere i caratteri nel prossimo capitolo, abbiamo dato loro nomi che riflettono come sono fatti e come appaiono:

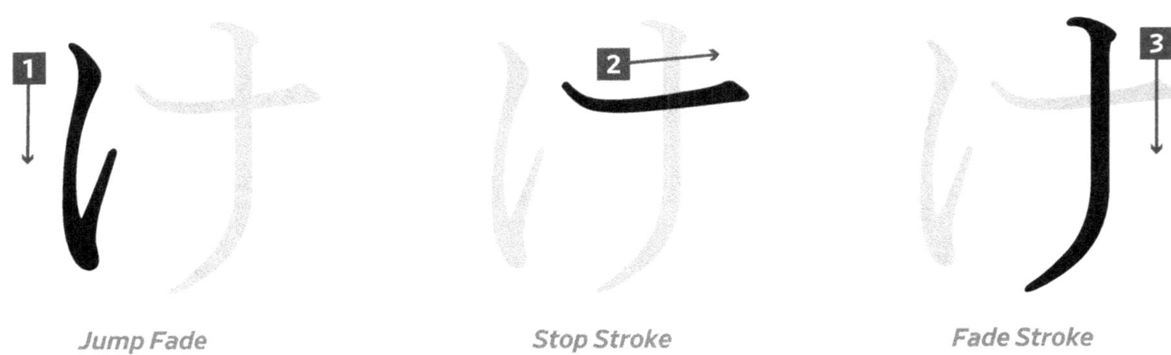

Jump Fade *Stop Stroke* *Fade Stroke*

Il **'jump fade'** è fatto con un rapido movimento della penna dal foglio alla fine di quel tratto. Il **'stop stroke'** è esattamente come suona, la linea viene fermata definitivamente prima di sollevare la penna. Una **'fade stroke'** si ottiene sollevando più delicatamente la penna dalla carta mentre la mano è in movimento. Puoi immaginare come la linea potrebbe diventare più sottile e sbiadire sollevando gradualmente la punta spessa e bagnata della penna dalla pagina.

STILI DI SCRITTURA

Questo libro vi insegnerà a scrivere in Hiragana con i movimenti standard basati su apparenze spazzolate, ma incontrerete altri stili di caratteri:

Questi caratteri hanno tutti lo stesso significato ma hanno un aspetto leggermente diverso perché sono fatti a mano, con penne o matite, o visualizzati come un moderno carattere digitale su uno schermo (o in stampa). Anche se l'aspetto cambia leggermente, il significato rimane.

Parte 2

IMPARA A SCRIVERE KATAKANA

ア　ア　**a**

  Pronunciata come la 'a' in aprirsi.

  Questo kana viene disegnato con due tratti fade.

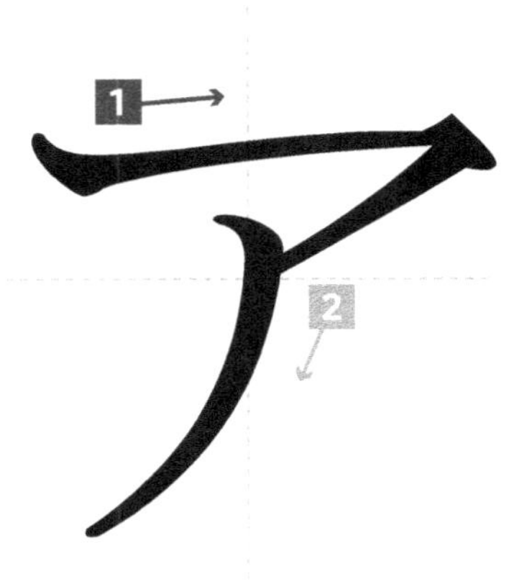

Il primo tratto inizia come una linea orizzontale da sinistra prima di fare una brusca virata indietro e verso il centro. Inizia il tuo secondo tratto alla fine del primo, curvando la penna verso il basso e verso sinistra. Il secondo tratto svanisce quando si avvicina alla parte inferiore sinistra della cella.

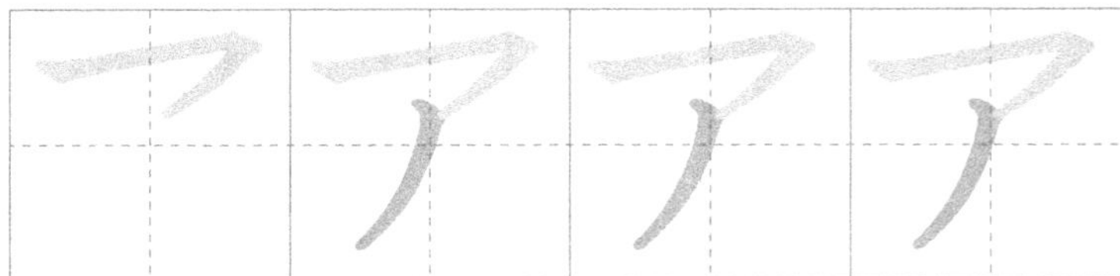

  Prima di tutto, traccia le forme nelle celle sottostanti.

Ora esercitati a disegnare questo carattere nelle celle più piccole.

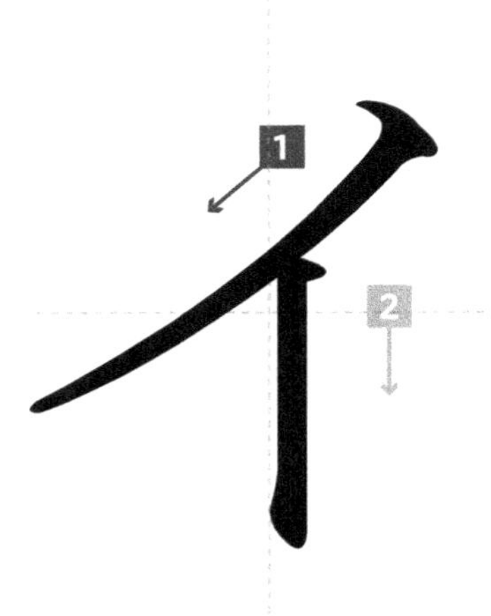

イ　イ　**i**

PARLA

Pronunciato come la 'i' in piccolo.

IMPARA

Questo kana viene disegnato con due tratti: un fade e un stop.

Il tuo primo segno è una linea diagonale leggermente curva, che inizia in alto in alto a destra della cella e si dissolve in basso a sinistra. Il prossimo tratto inizia intorno al centro del tuo primo tratto, appena a destra del centro, spostandosi verso il basso fino a fermarsi vicino al fondo.

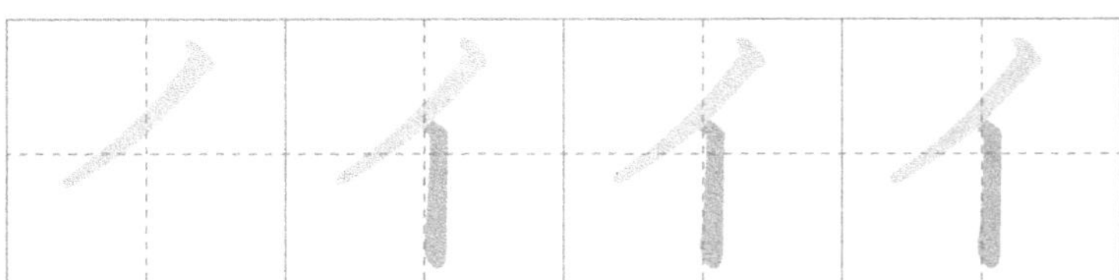

SCRIVI

Prima di tutto, traccia le forme nelle celle sottostanti.

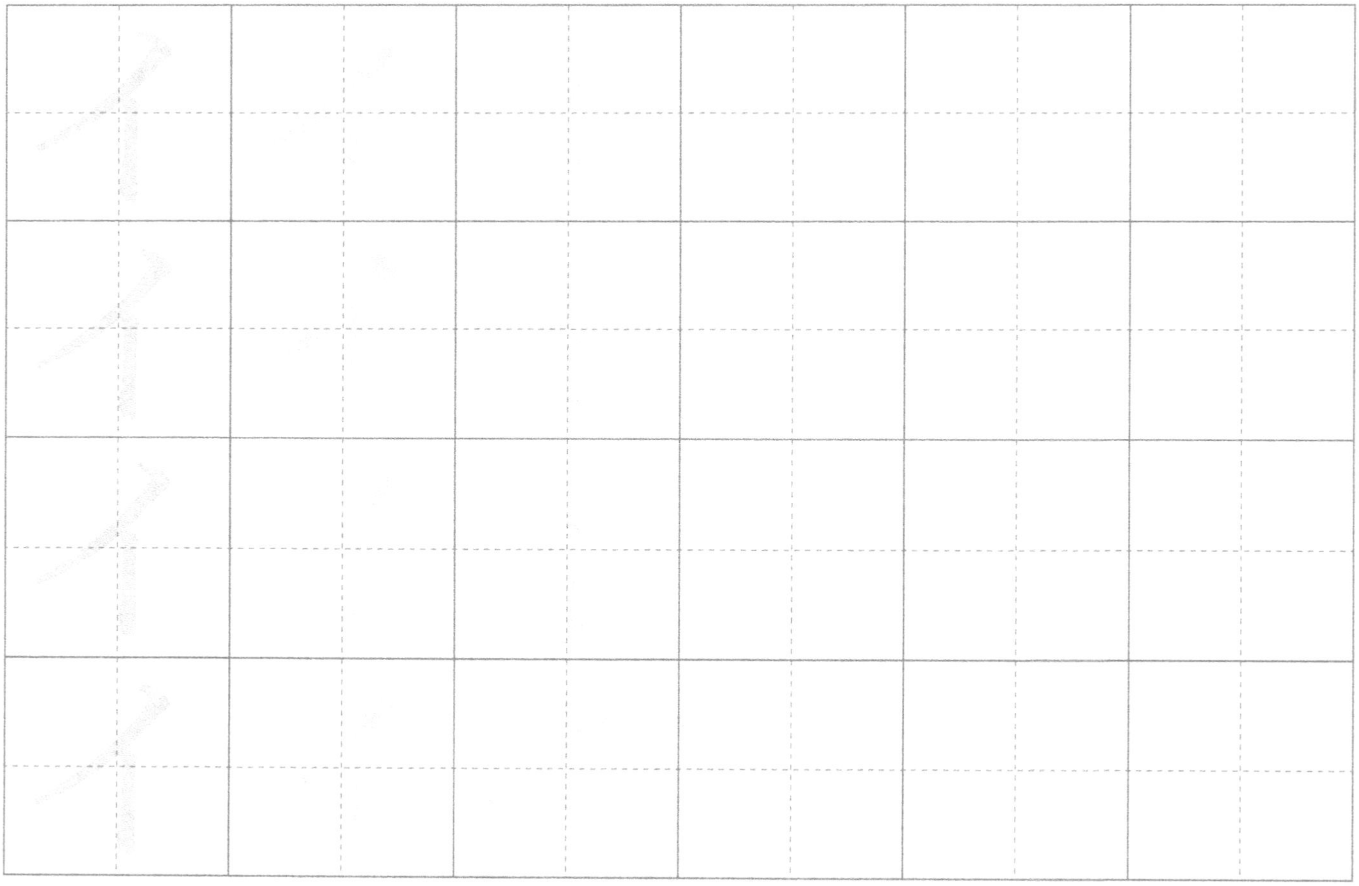

Ora esercitati a disegnare questo carattere nelle celle più piccole.

ウ ウ **u**

PARLA

Pronunciato come la 'u' in uno.

IMPARA

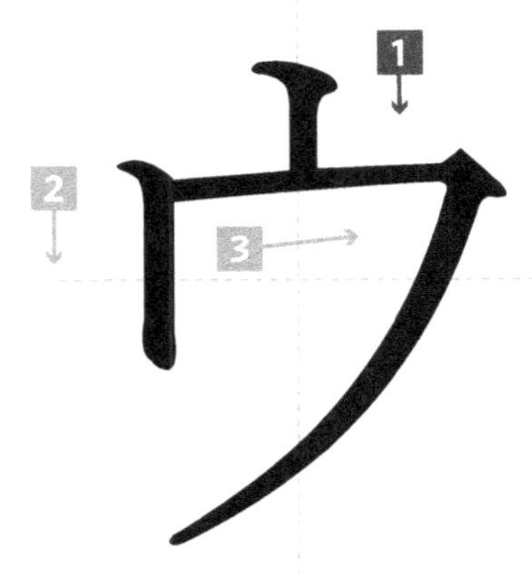

Questo kana viene disegnato con tre tratti; stop, stop, fade.

Fai il primo segno verticale con una breve corsa di arresto nell'area centrale superiore. Il secondo segno di stop breve è un'altra linea verticale a sinistra del primo e un po' più in basso. Il tuo segno finale inizia dove è iniziato il tuo secondo. Spostando la penna orizzontalmente da sinistra a destra, tocca la fine del primo tratto e poi, a destra della cella, fai una brusca virata verso il basso e a sinistra in una curva in dissolvenza.

SCRIVI

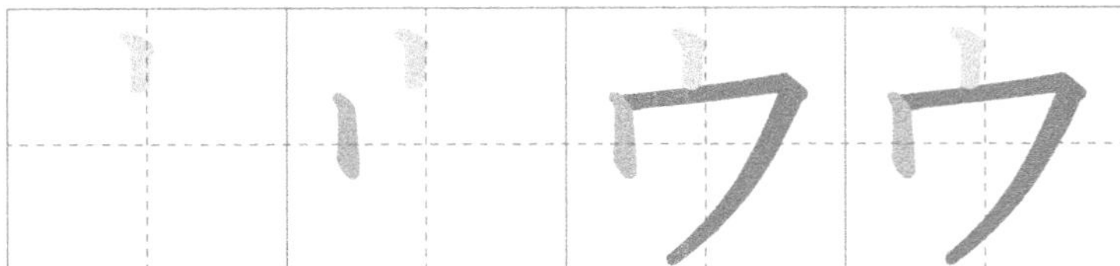

Prima di tutto, traccia le forme nelle celle sottostanti.

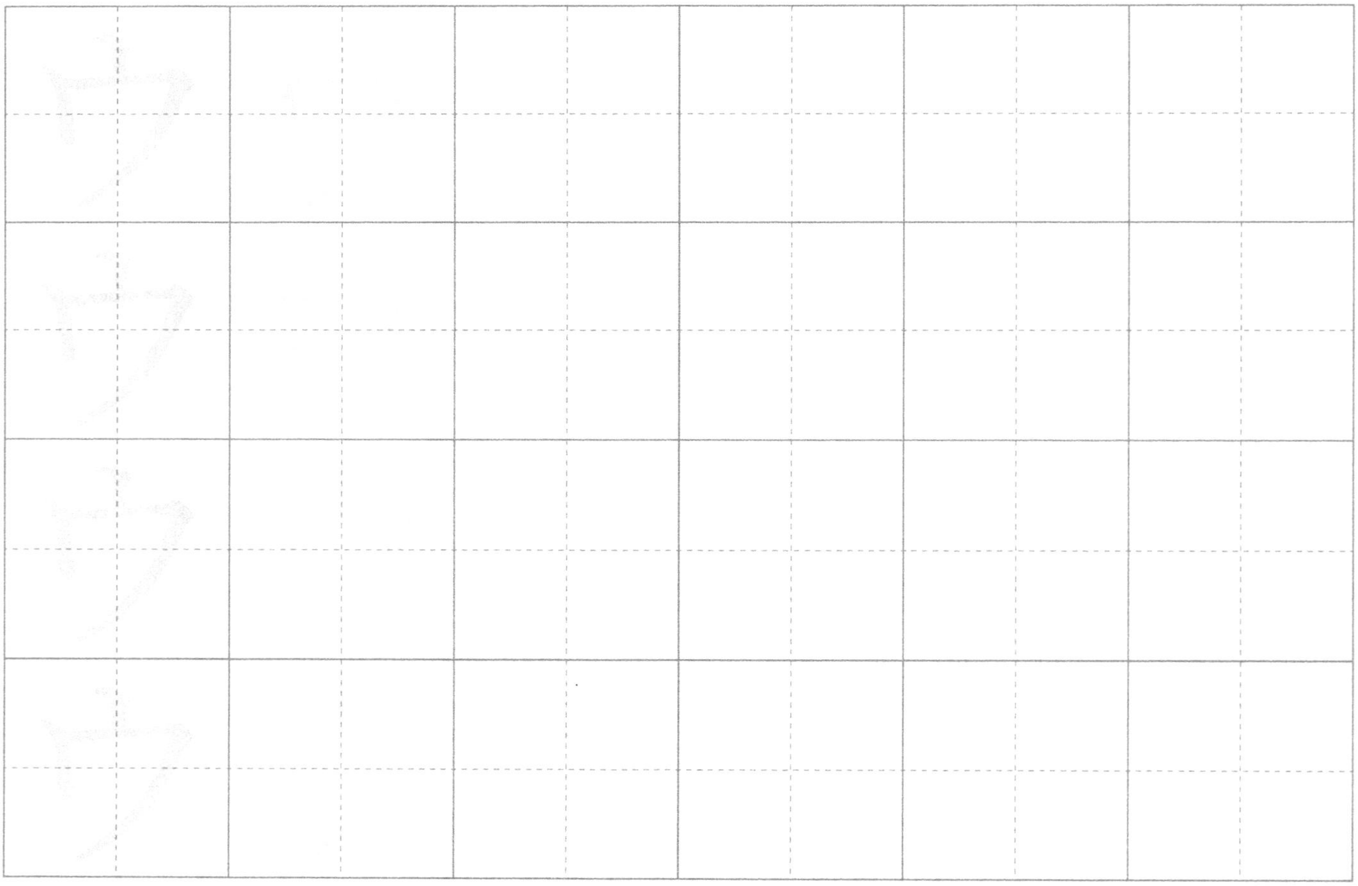

Ora esercitati a disegnare questo carattere nelle celle più piccole.

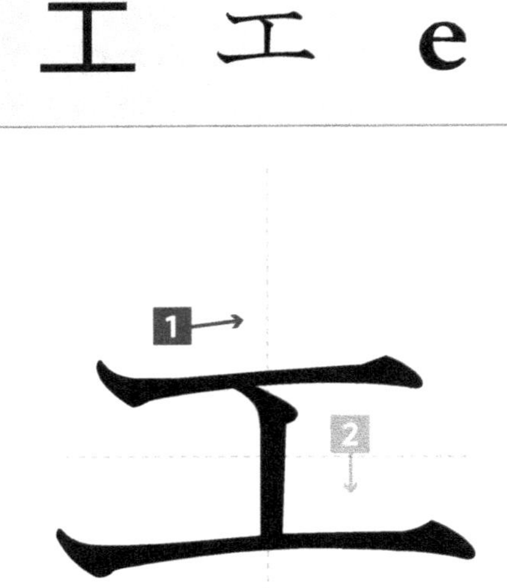

エ　エ　**e**

PARLA	Pronunciato come il 'e' in evento.
IMPARA	Questo kana viene disegnato con tre tratti: tutti sono stop.

Inizia con la linea orizzontale al centro nella parte superiore della cella. Il tuo secondo segno inizia a metà del primo, disegnato lungo la linea centrale. Il tratto finale è un'altra linea orizzontale, da sinistra a destra, che passa attraverso la fine del secondo segno al centro. Per assicurarti che la tua scrittura abbia un buon equilibrio, il tuo segno finale dovrebbe essere più ampio del primo.

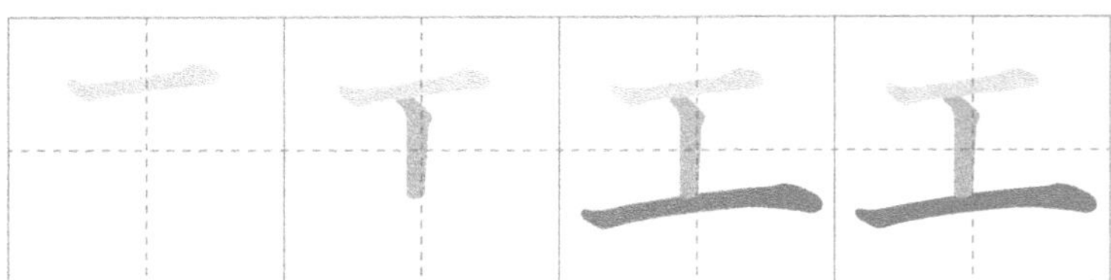

Prima di tutto, traccia le forme nelle celle sottostanti.

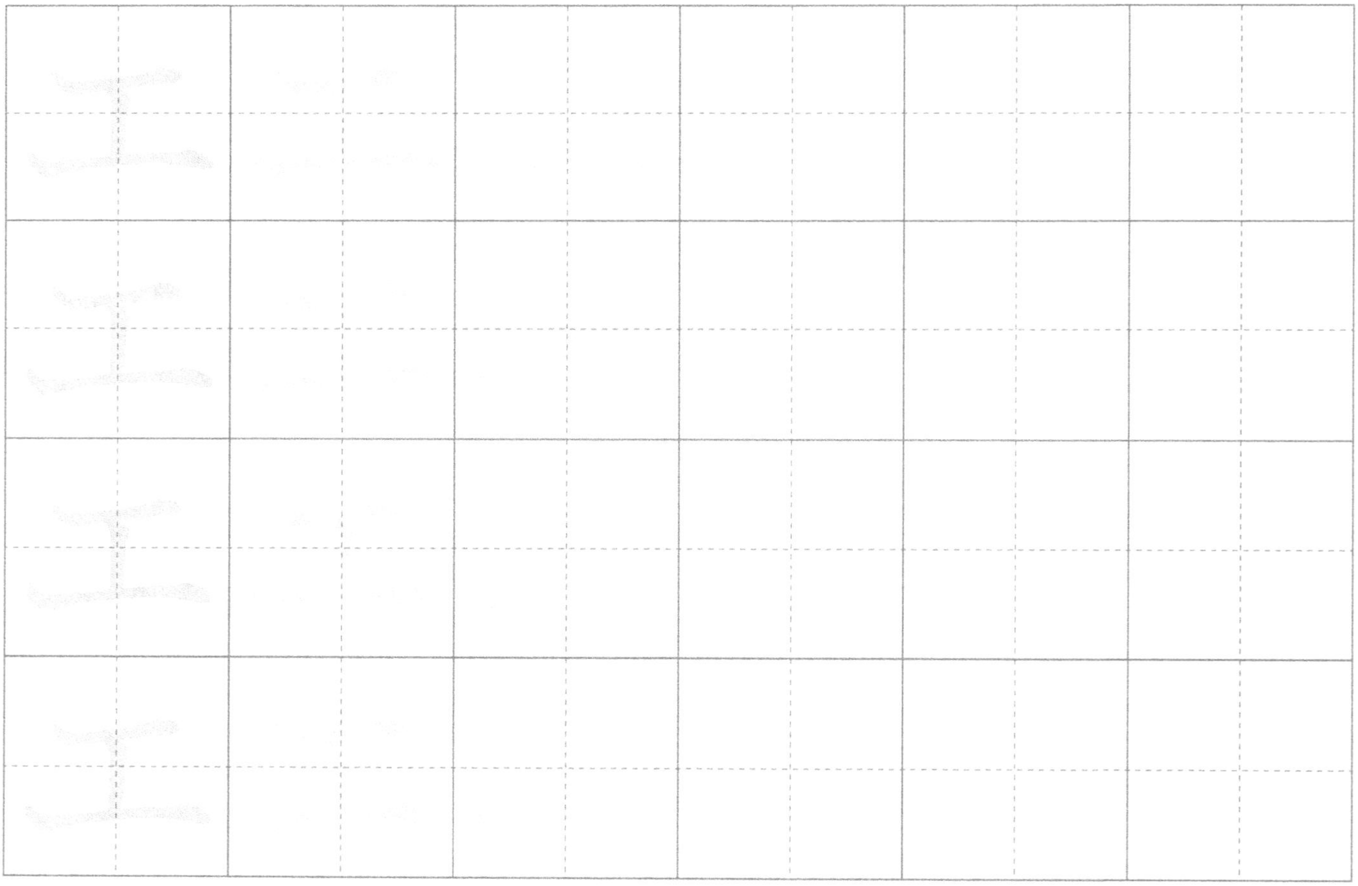

Ora esercitati a disegnare questo carattere nelle celle più piccole.

オ オ o

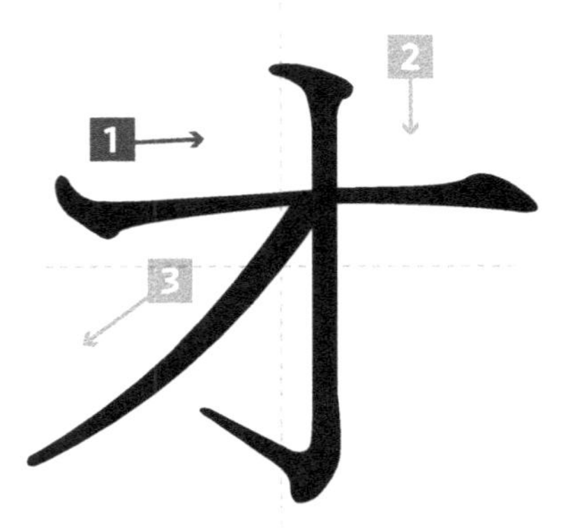

PARLA Pronunciato come la 'o' in occhio.

IMPARA Questo kana contiene tre tratti; stop, jump fade, e fade.

Inizia disegnando una lunga linea orizzontale da sinistra a destra. Il tuo secondo tratto è una linea verticale che si interseca con la prima a circa un terzo dal lato destro. Termina il secondo tratto sfogliando la penna dalla pagina (questo si chiama hane). Il tuo tratto finale inizia all'intersezione dei tratti 1 e 2, e curva verso il basso e verso sinistra con una dissolvenza - non dovrebbe estendersi più in basso del secondo tratto.

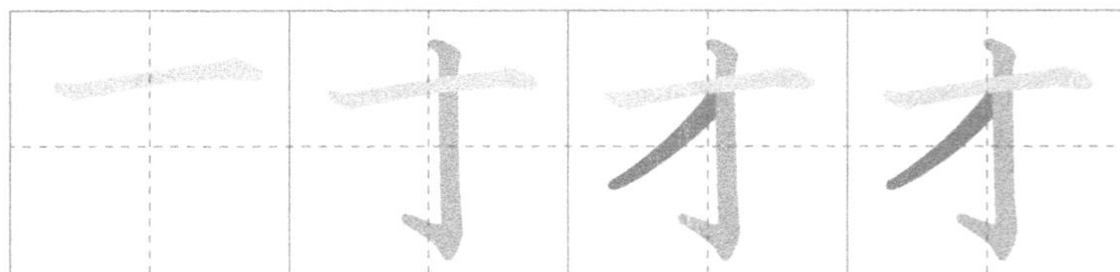

SCRIVI Prima di tutto, traccia le forme nelle celle sottostanti.

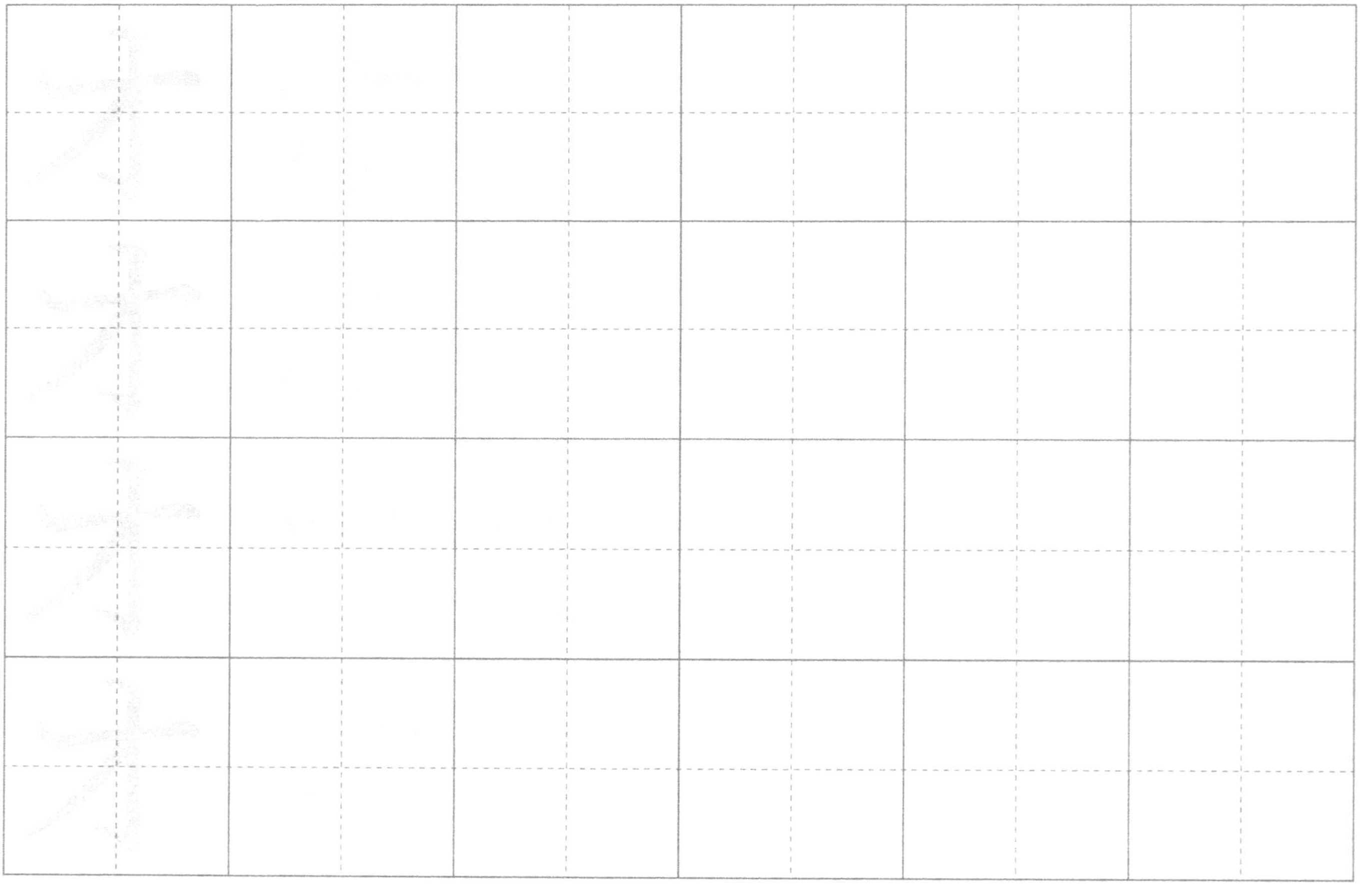

Ora esercitati a disegnare questo carattere nelle celle più piccole.

カ カ ka

PARLA Pronunciato come la ‘ca’ in cantare.

IMPARA Questo kana viene disegnato con due tratti; jump fade, stop.

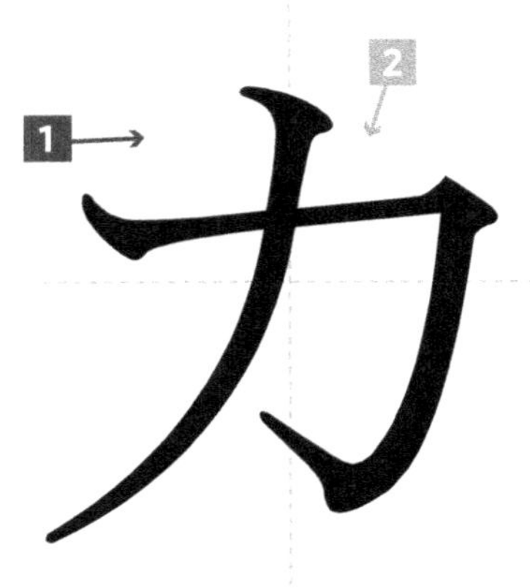

Questa è una versione angolare di hiragana か e inizia con una linea orizzontale leggermente inclinata che gira bruscamente verso il basso. La parte verso il basso dovrebbe avere una leggera curva all'indietro e in diagonale a sinistra. Termina questo tratto con una freccia sfogliando la penna dal foglio. Il tuo secondo tratto è una linea diagonale verso il basso, con una curva a sinistra e in alto.

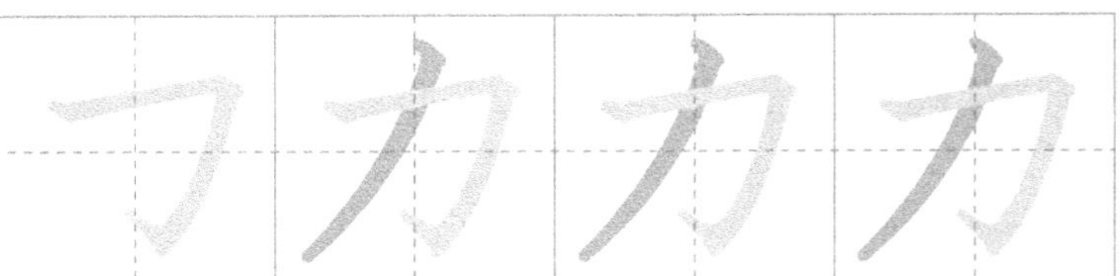

SCRIVI Prima di tutto, traccia le forme nelle celle sottostanti.

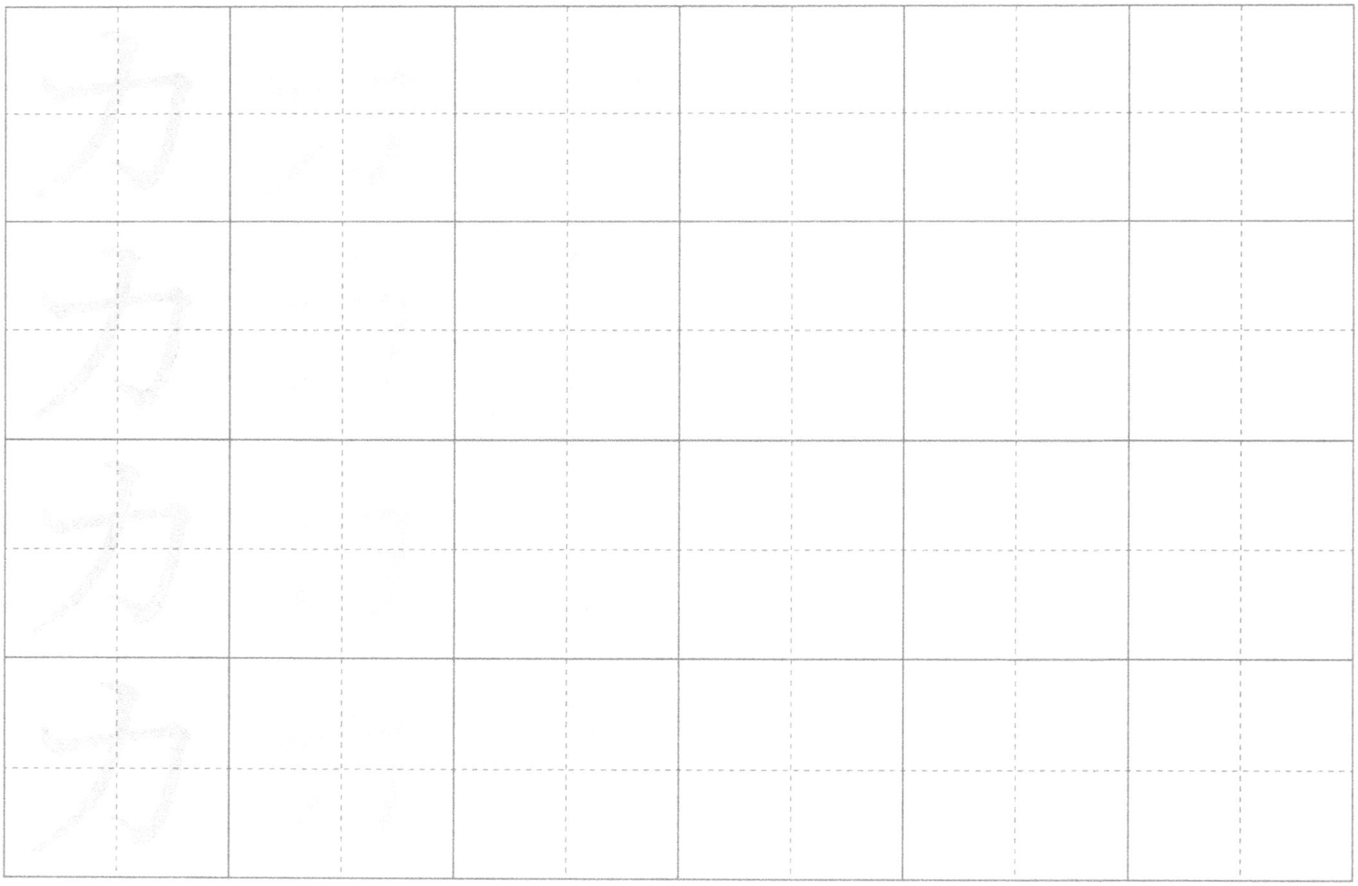

Ora esercitati a disegnare questo carattere nelle celle più piccole.

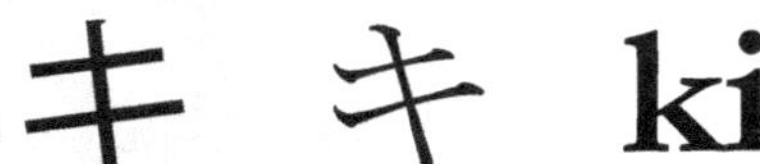

キ キ ki

PARLA Pronunciato come il 'chi' in chiamare.

IMPARA Disegnato con tre tratti; stop, stop, e stop.

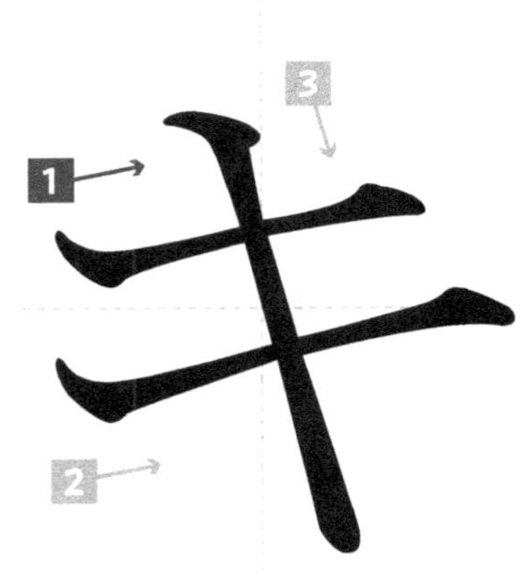

Noterai che questo Katakana è anche molto simile alla controparte Hiragana: i tratti 1 e 2 sono linee diagonali parallele da sinistra a destra, verso l'alto, il secondo leggermente più lungo del primo. Il tuo voto finale è semplicemente un'altra linea diagonale retta, da in alto a sinistra a in basso a destra. Dovrebbe tagliare grossolanamente la parte centrale dei tuoi primi due tratti.

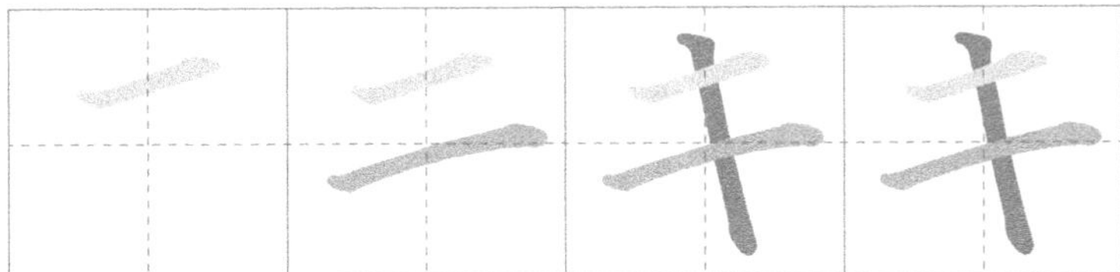

SCRIVI Prima di tutto, traccia le forme nelle celle sottostanti.

Ora esercitati a disegnare questo carattere nelle celle più piccole.

ク　ク　**ku**

Pronunciato come il 'cu' in cucina.

Questo kana viene disegnato con due tratti: entrambi sono fade.

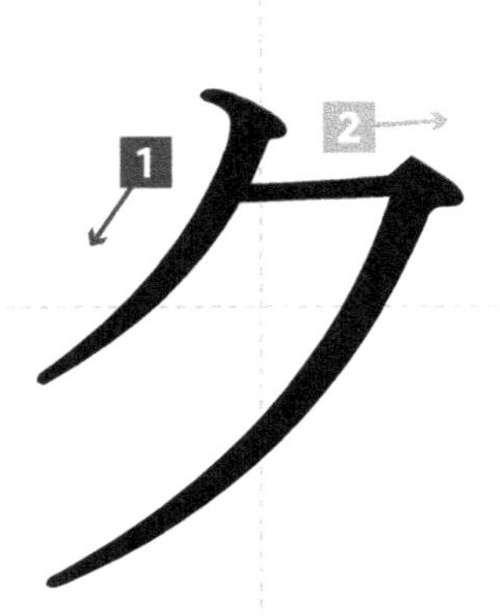

Inizia con la prima linea diagonale curva dal centro superiore, verso il basso e verso sinistra. Inizia il tuo secondo tratto più o meno nello stesso punto del primo. Inizia con un segno orizzontale molto più corto del precedente kana, prima di una brusca svolta e in un'altra curva diagonale molto più lunga verso il basso e verso sinistra. Esercitati a far scorrere le due parti diagonali parallelamente l'una all'altra per una scrittura più chiara!

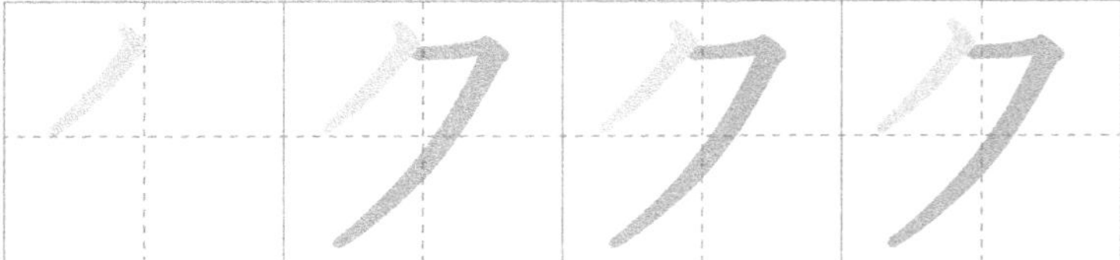

Prima di tutto, traccia le forme nelle celle sottostanti.

Ora esercitati a disegnare questo carattere nelle celle più piccole.

ケ ケ ke

Pronunciato come la 'che' in chela.

Questo kana contiene tre tratti: fade, stop, fade.

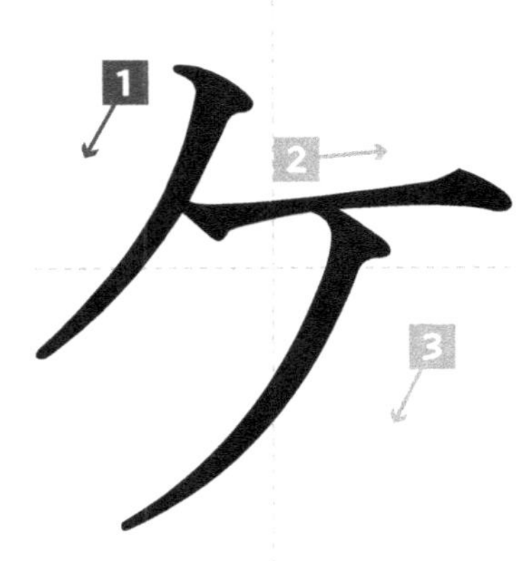

Partendo in modo simile al precedente katakana ク, traccia la prima linea diagonale e termina con una dissolvenza riducendo la pressione e sollevando delicatamente la penna. Il secondo segno inizia dal centro della prima riga questa volta ed è solo una linea orizzontale più lunga che si ferma. Inizia il terzo tratto dal punto medio della seconda linea e sposta la penna in una curva verso il basso e verso sinistra con una dissolvenza - parallela alla prima.

Prima di tutto, traccia le forme nelle celle sottostanti.

Ora esercitati a disegnare questo carattere nelle celle più piccole.

コ コ **ko**

PARLA — Pronunciato come il 'co' in cometa.

IMPARA — Questo kana viene disegnato con due tratti: entrambi i tratti sono stop.

Il primo segno è una linea orizzontale che si ferma e gira verso il basso piuttosto bruscamente. Il tuo secondo segno è un altro tratto orizzontale da sinistra e dovrebbe incontrare la fine del primo tratto con uno stop. Le due parti orizzontali dovrebbero essere parallele e della stessa lunghezza.

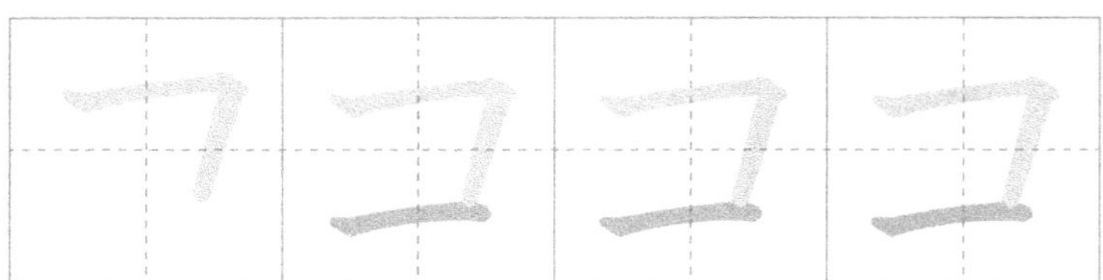

SCRIVI

Prima di tutto, traccia le forme nelle celle sottostanti.

Ora esercitati a disegnare questo carattere nelle celle più piccole.

サ サ sa

PARLA Pronunciato come il 'sa' in sardine.

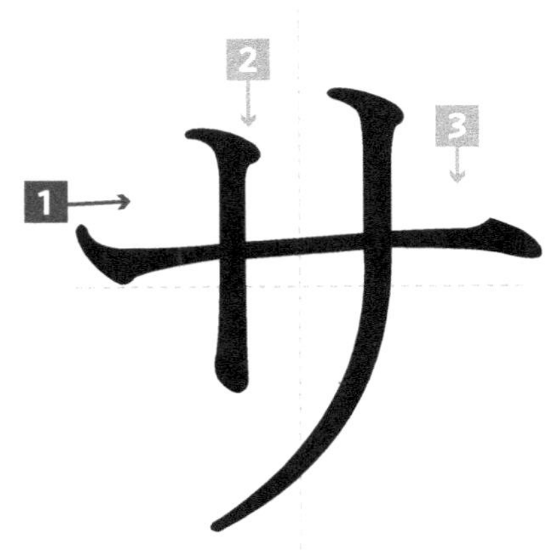

IMPARA Questo kana viene disegnato con tre tratti: stop, stop, fade.

Inizia questo kana con una lunga linea orizzontale. La tua seconda linea taglia la prima a circa un terzo da sinistra, tracciata verso il basso fino a fermarsi. Il terzo tratto è una linea curva più lunga che taglia il primo, circa un terzo della lunghezza da destra. Inizia come una linea verticale prima dell'intersezione, ma curva a sinistra dopo aver attraversato il primo tratto.

SCRIVI

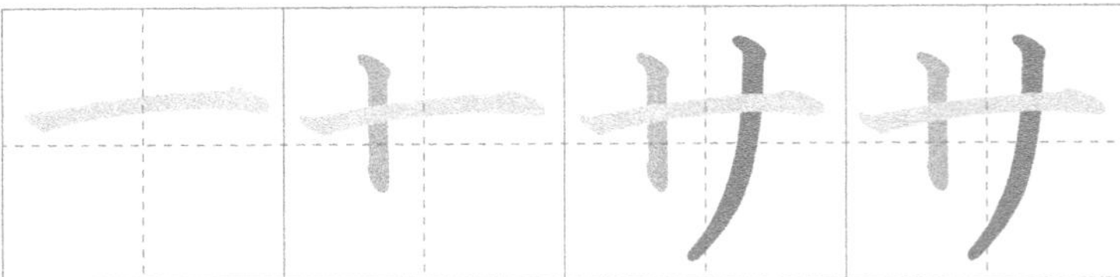

Prima di tutto, traccia le forme nelle celle sottostanti.

Ora esercitati a disegnare questo carattere nelle celle più piccole.

 **シ shi**

Pronunciato come il 'sci' in sciro.

Disegna questo kana con tre tratti; stop, stop, fade.

Il primo e il secondo tratto sono segni di stop brevi, eseguiti in parallelo e con una leggera angolazione verso il basso. Il terzo tratto inizia nell'area in basso a sinistra, sotto i primi tratti, e si curva verso l'alto e verso destra. Dovresti prestare particolare attenzione alla spaziatura dei tre tratti e ai punti da cui iniziano. Più avanti vedremo alcuni caratteri dall'aspetto molto simile.

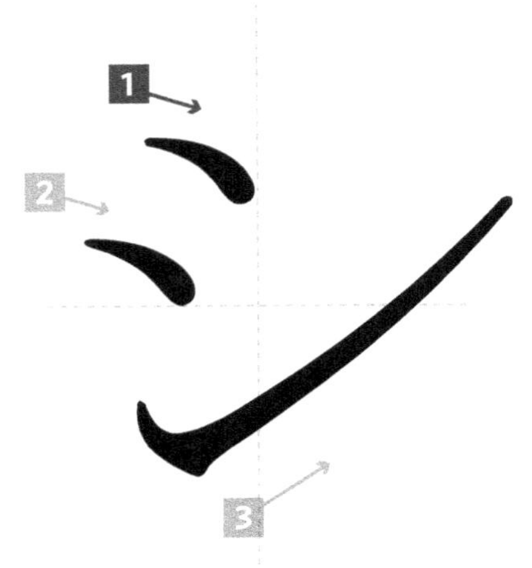

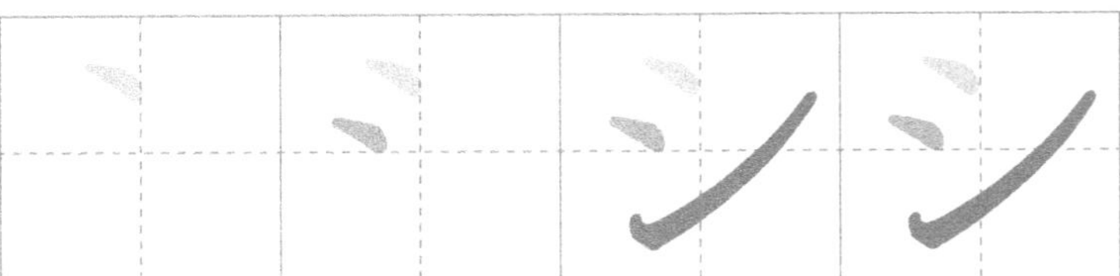

Prima di tutto, traccia le forme nelle celle sottostanti.

Ora esercitati a disegnare questo carattere nelle celle più piccole.

ス ス **su**

PARLA Pronunciato come il ‘su’ in supermercato.

IMPARA Questo kana ha due tratti: un long fade, e un stop.

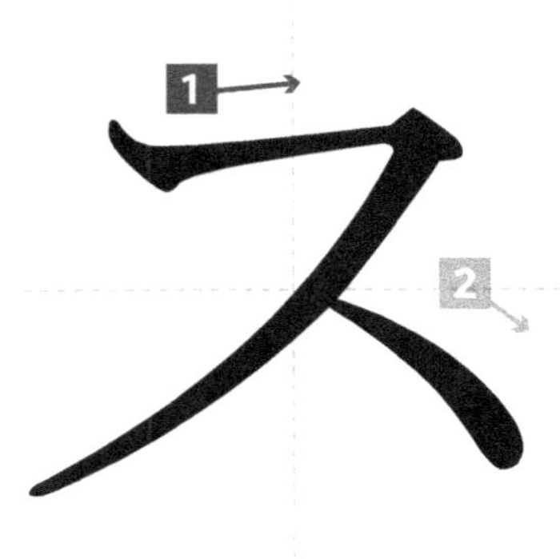

Questo carattere inizia con un tratto che abbiamo fatto nel kana precedente. Inizia con una linea orizzontale da sinistra a destra prima di quella svolta brusca in una curva, spostandosi in basso e indietro a sinistra in una dissolvenza. Il tuo secondo segno è una corsa di arresto relativamente breve e inizia intorno al punto medio della curva dal primo tratto.

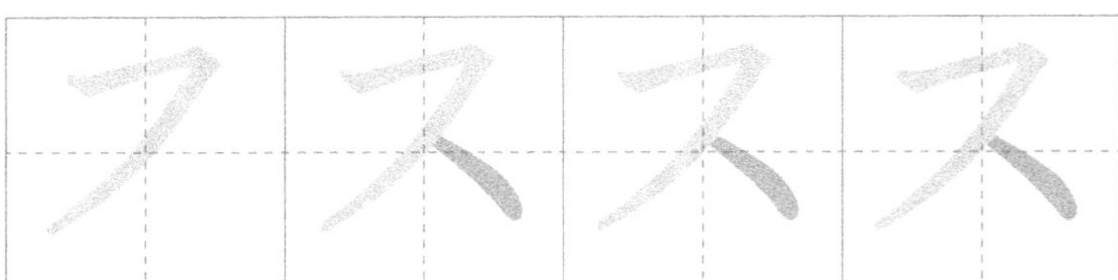

SCRIVI Prima di tutto, traccia le forme nelle celle sottostanti.

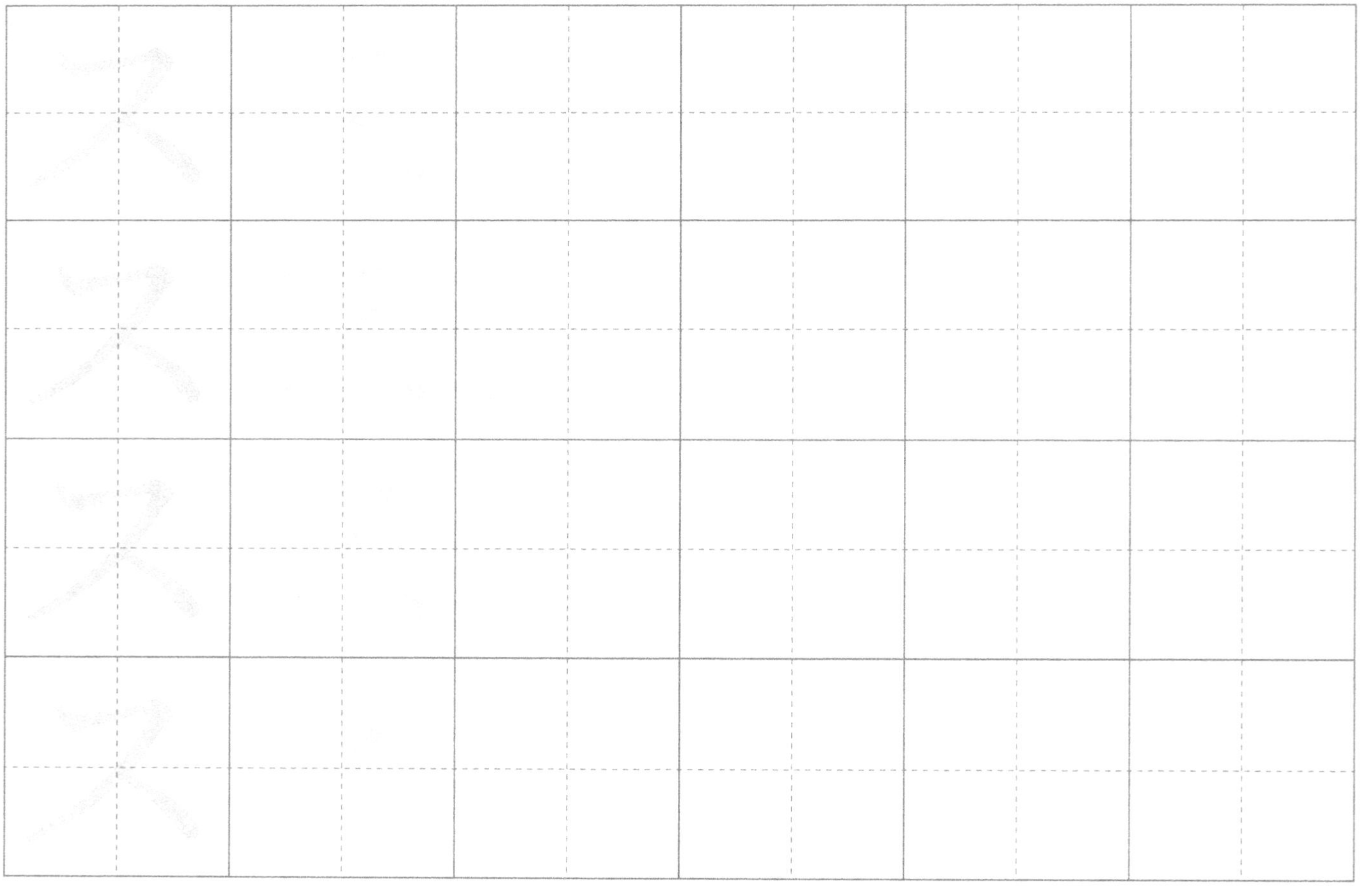

Ora esercitati a disegnare questo carattere nelle celle più piccole.

セ セ **se**

PARLA Pronunciato come il 'se' in segale.

IMPARA Questo kana viene disegnato con due tratti: un fade e un stop.

Inizia il primo tratto con una linea inclinata relativamente lunga da sinistra a destra. Quando ti avvicini al lato destro, si trasforma in una breve dissolvenza verso il basso e verso sinistra, ma non così bruscamente come gli altri kana. Il tuo secondo segno inizia come una linea verticale diritta, tracciata dall'alto e poi dolcemente spazzata a destra, vicino al fondo della cella.

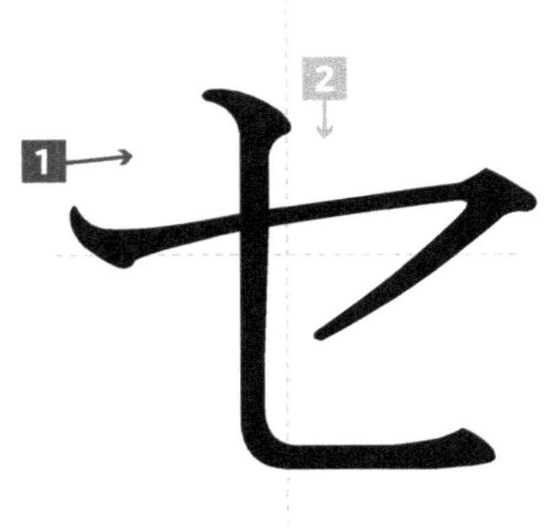

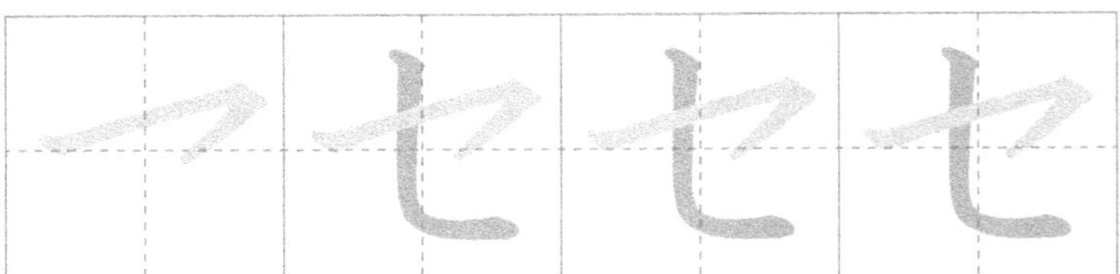

SCRIVI Prima di tutto, traccia le forme nelle celle sottostanti.

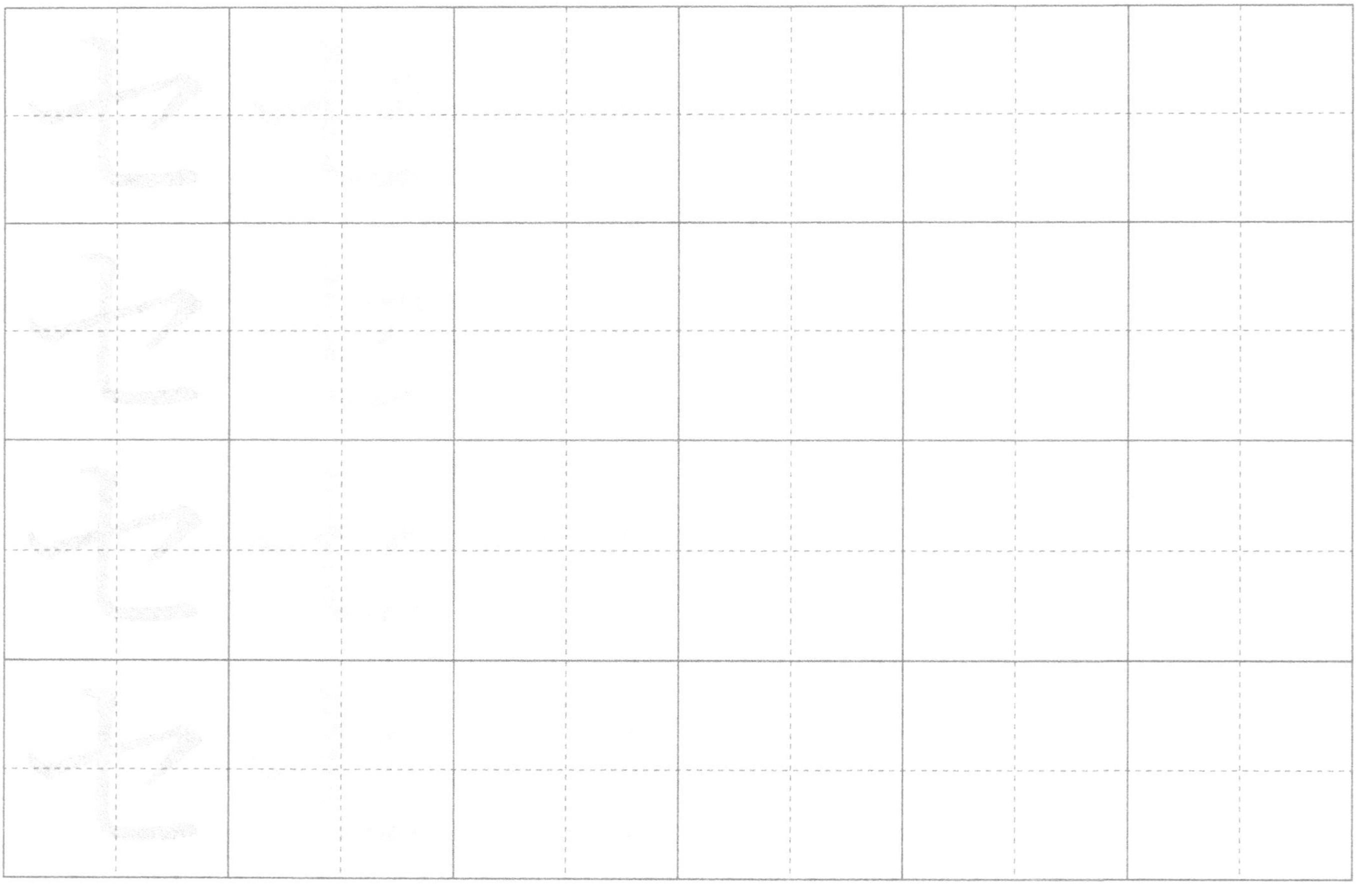

Ora esercitati a disegnare questo carattere nelle celle più piccole.

ソ ソ **so**

Pronunciato come la 'so' in dorso.

Questo kana viene creato con due tratti: short stop, fade.

Inizia con una corsa di arresto breve e angolata in alto a sinistra. Questo segno dovrebbe essere fatto con un angolo abbastanza ripido, ma tanto da sembrare una linea verticale. Ancora una volta, il secondo tratto viene eseguito con una lunga curva in dissolvenza verso il basso e verso sinistra. Il punto di partenza per il tuo secondo tratto dovrebbe essere all'altezza del primo.

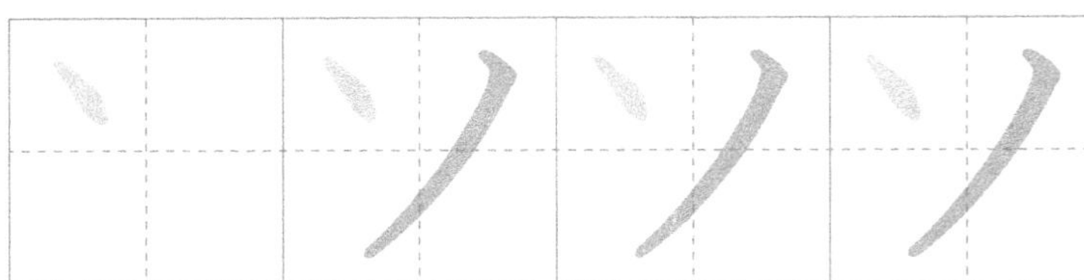

Prima di tutto, traccia le forme nelle celle sottostanti.

Ora esercitati a disegnare questo carattere nelle celle più piccole.

夕 夕 **ta**

Pronunciato come il 'ta' in tardi.

Questo kana viene disegnato con tre tratti; fade, fade, stop.

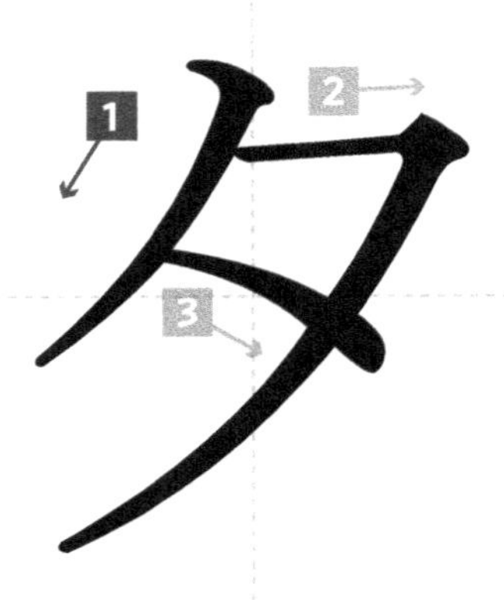

Un altro kana con alcune forme ormai familiari. In modo simile a ク e ケ, il tuo primo tratto è una curva diagonale in dissolvenza dal centro in alto a sinistra in basso. Il secondo tratto inizia con una linea orizzontale dallo stesso punto iniziale del primo, curvando verso il basso a sinistra. Il tuo ultimo segno è una breve linea diagonale dalla metà del primo tratto. Taglia a metà il secondo tratto.

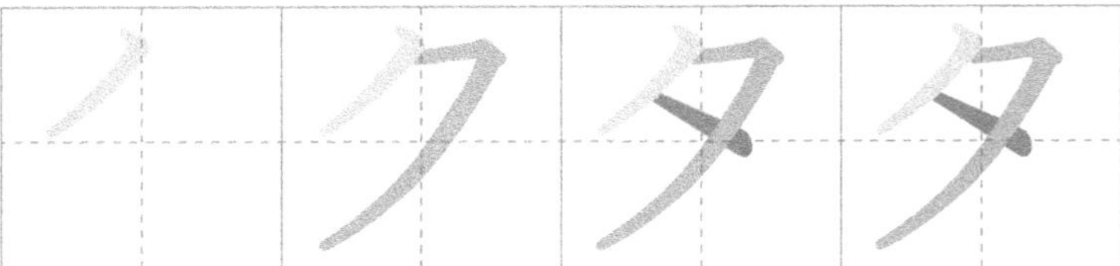

Prima di tutto, traccia le forme nelle celle sottostanti.

Ora esercitati a disegnare questo carattere nelle celle più piccole.

チ チ **chi**

PARLA   Pronunciato come il 'ci' in vicino.

IMPARA   Questo kana viene disegnato con tre tratti; fade, stop, fade.

La tua prima linea è una curva poco profonda, in dissolvenza in alto a destra e leggermente in basso a sinistra. Il tratto numero 2 è una lunga linea orizzontale con uno stop. Il terzo tratto dovrebbe iniziare a metà della prima curva e intersecarsi con il secondo tratto, prima di curvare verso il basso e verso sinistra. Assicurati che la seconda linea sia più larga del primo tratto su entrambi i lati!

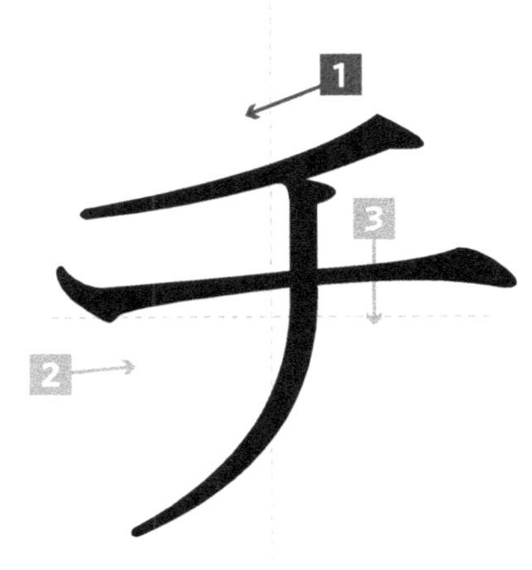

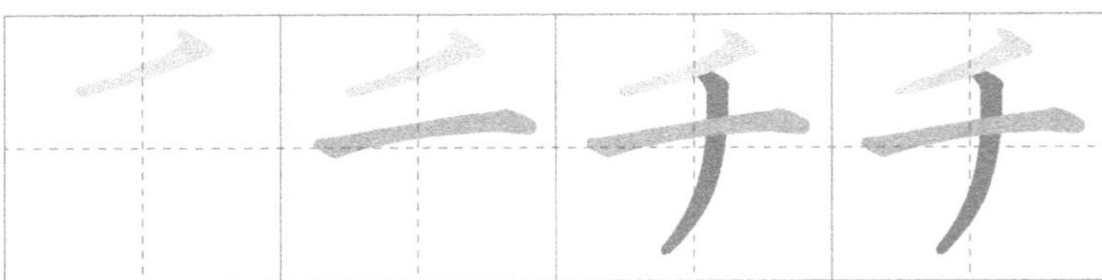

SCRIVI   Prima di tutto, traccia le forme nelle celle sottostanti.

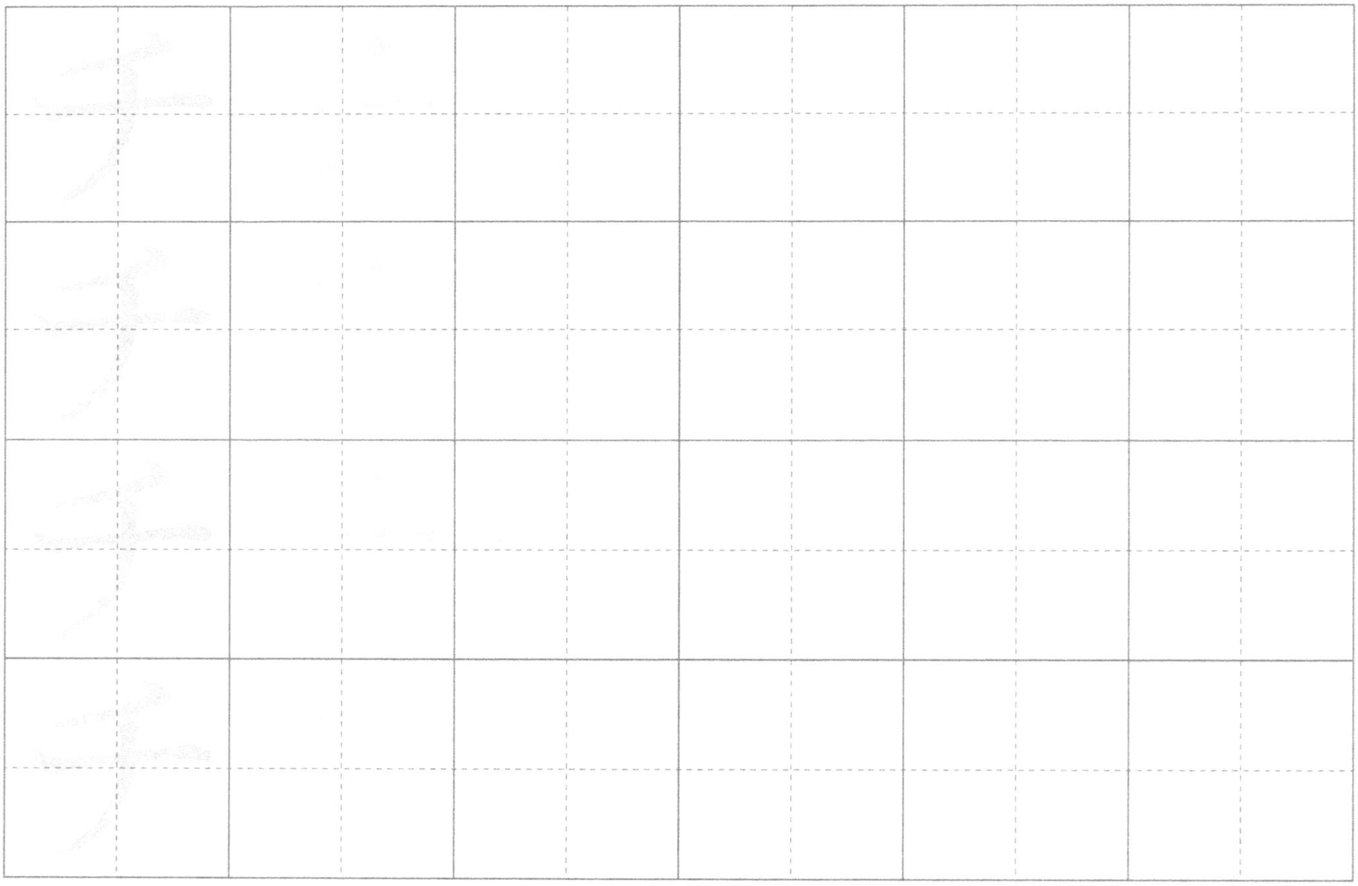

Ora esercitati a disegnare questo carattere nelle celle più piccole.

ツ ツ **tsu**

Pronunciato come il 'tsu' in tsunami, con la 't' silenziosa.

Questo kana contiene tre tratti: due stop, e un fade.

Questo carattere è simile al Katakana シ ed entrambi i primi due tratti sono ancora una volta realizzati come due linee parallele e angolate. La terza linea è una curva ampia e in dissolvenza verso il basso a sinistra dall'angolo in alto a destra. Per gli stessi motivi, fai attenzione alla spaziatura dei punti iniziali per ogni tratto.

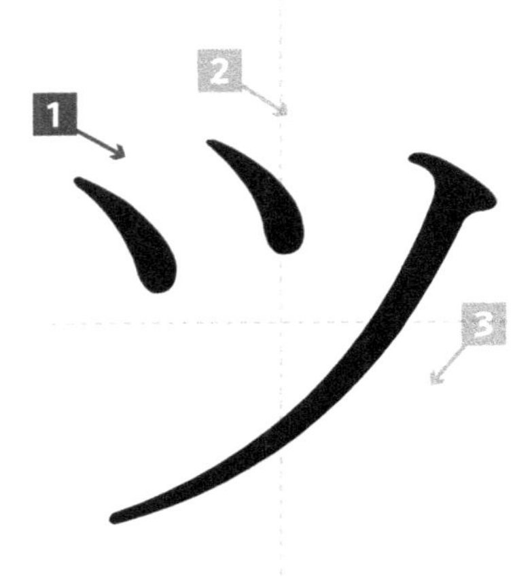

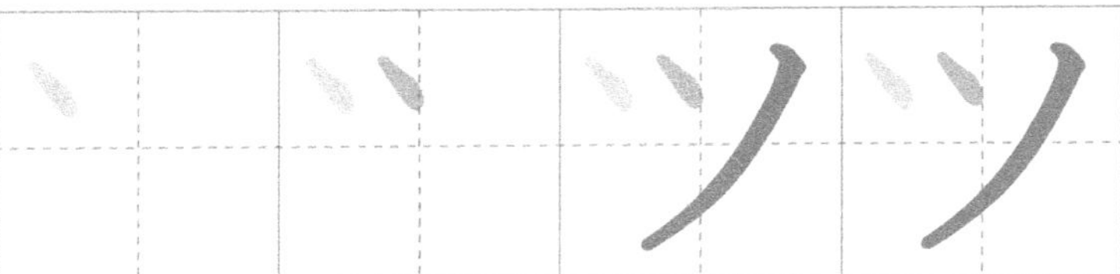

Prima di tutto, traccia le forme nelle celle sottostanti.

Ora esercitati a disegnare questo carattere nelle celle più piccole.

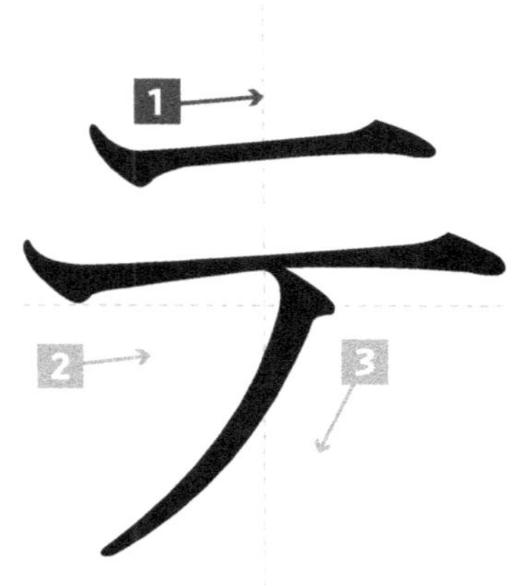

テ テ te

PARLA Pronunciato come il 'te' in tempo.

IMPARA Questo kana viene disegnato con tre tratti; stop, stop, fade.

Questo kana inizia con due tratti di stop paralleli, creando linee orizzontali da sinistra a destra. Assicurati che la seconda linea sia più lunga della prima. Il terzo segno è una linea diagonale curva più corta verso il basso e sul lato sinistro. Inizia a metà del tuo secondo tratto.

SCRIVI

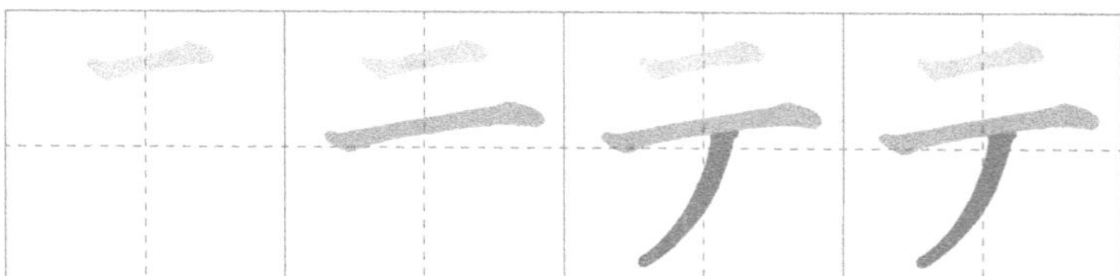

Prima di tutto, traccia le forme nelle celle sottostanti.

Ora esercitati a disegnare questo carattere nelle celle più piccole.

Pronunciato come il 'to' in alto.

Questo kana viene creato con due tratti; stop, stop.

Disegna una lunga linea verticale che inizia vicino alla parte superiore della cella e leggermente a sinistra del centro, terminando con uno stop vicino alla parte inferiore della cella. La seconda riga è un punto di arresto molto più breve, che inizia sopra il centro della cella e si sposta verso il basso e verso destra in direzione diagonale.

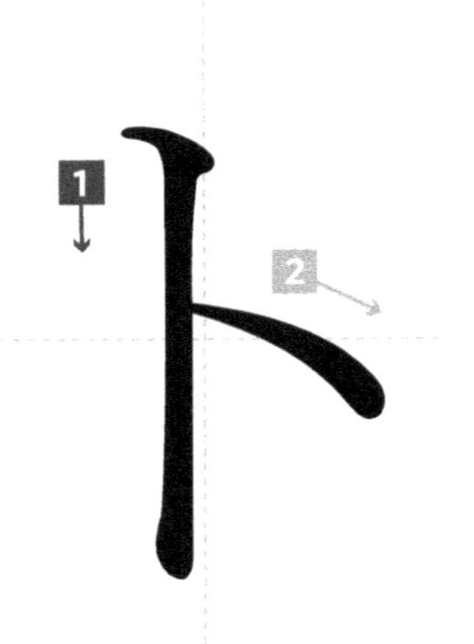

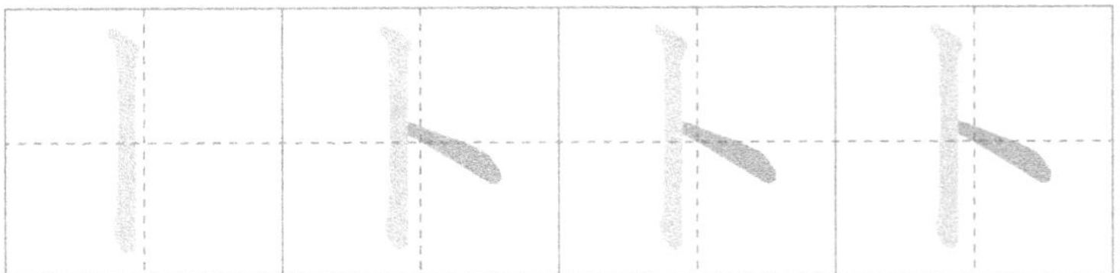

Prima di tutto, traccia le forme nelle celle sottostanti.

Ora esercitati a disegnare questo carattere nelle celle più piccole.

ナ ナ **na**

PARLA Pronunciato come il ‘na’ in sonata.

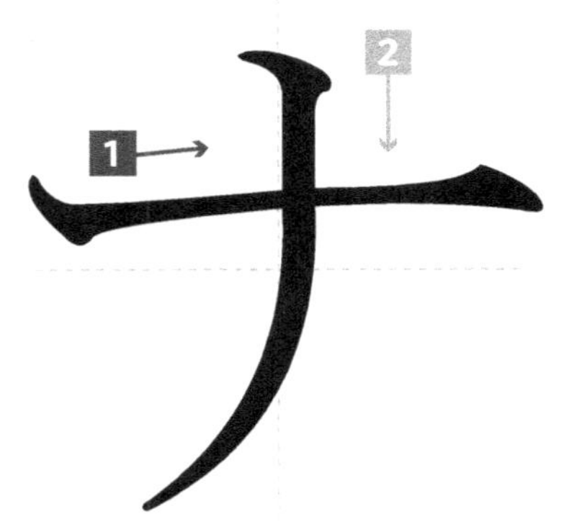

IMPARA Questo kana ha due tratti: un stop e un fade.

Inizia con un tratto di stop orizzontale relativamente lungo, sopra la linea centrale. La seconda linea inizia vicino alla parte superiore, al centro, e viene tracciata verso il basso e attraverso il primo tratto. Inizia come una linea verticale e si curva in basso a sinistra della cella dopo l'intersezione.

SCRIVI

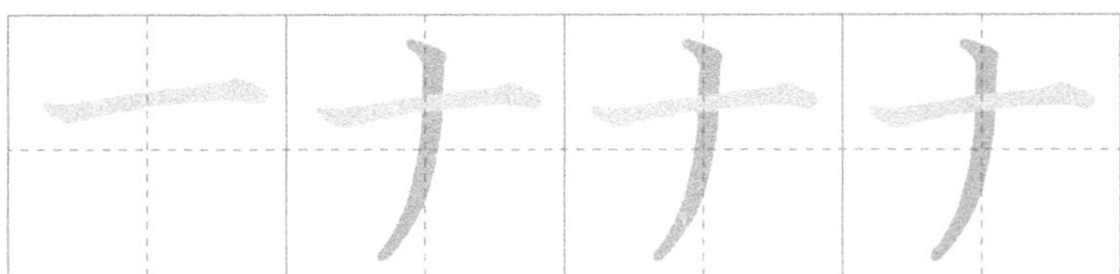

Prima di tutto, traccia le forme nelle celle sottostanti.

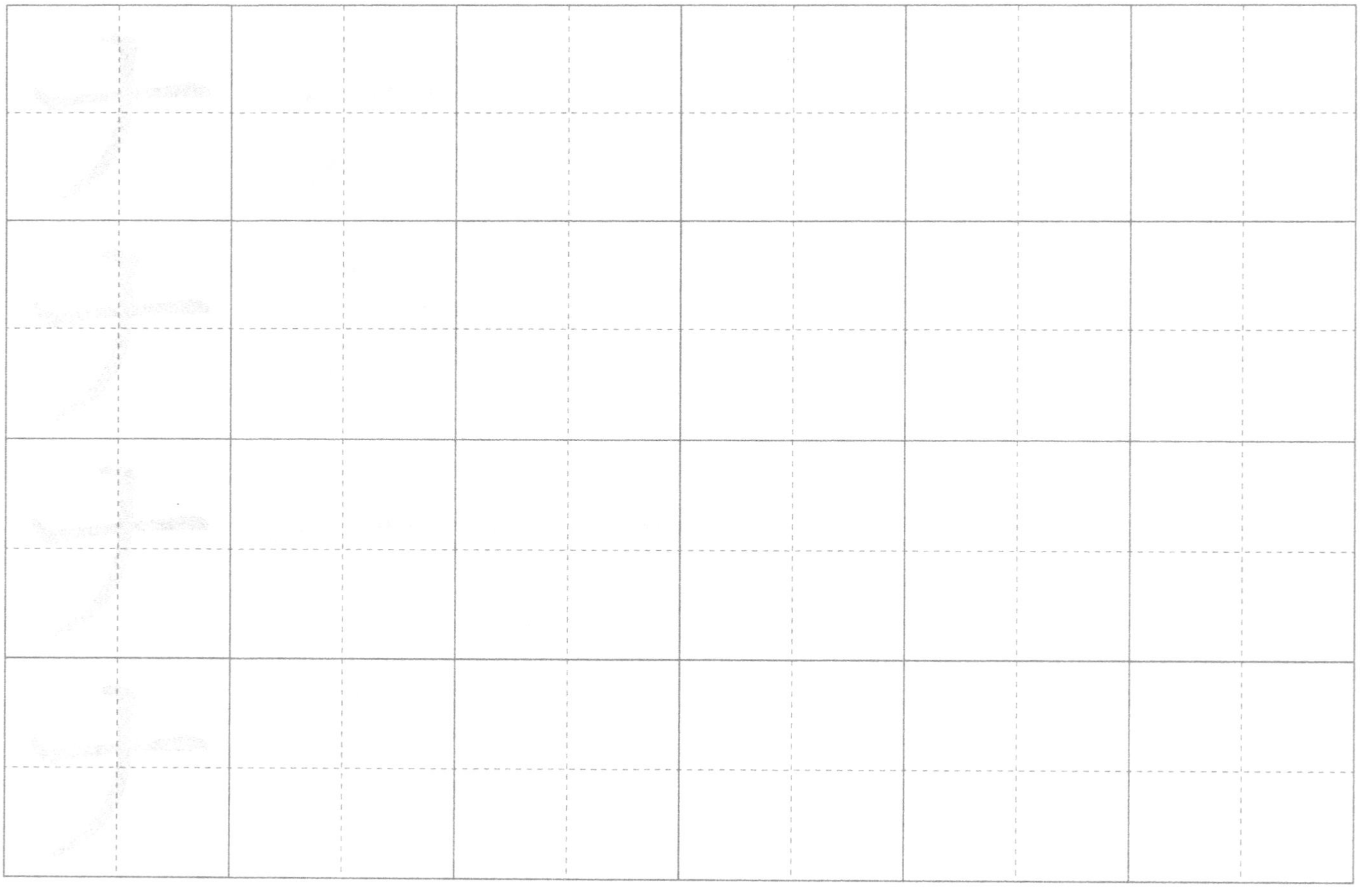

Ora esercitati a disegnare questo carattere nelle celle più piccole.

二　二　**ni**

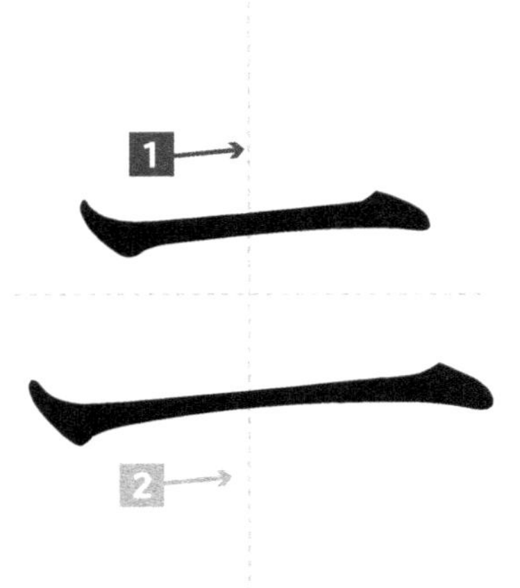

PARLA — Pronunciato come il 'ni' in nicchia.

IMPARA — Questo kana ha due tratti; entrambi sono stop.

Essendo uno dei simboli Katakana più semplici, disegniamo 二 con due linee parallele. Ciascuna si muove orizzontalmente da sinistra a destra, con una leggera inclinazione. Il tuo secondo tratto dovrebbe essere più lungo del primo, estendendosi su entrambi i lati.

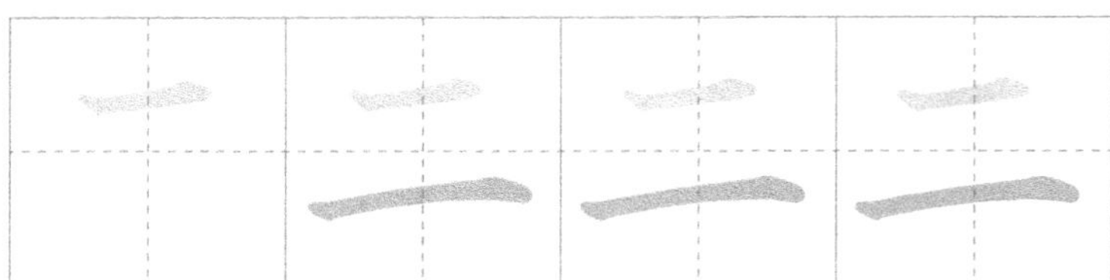

SCRIVI — Prima di tutto, traccia le forme nelle celle sottostanti.

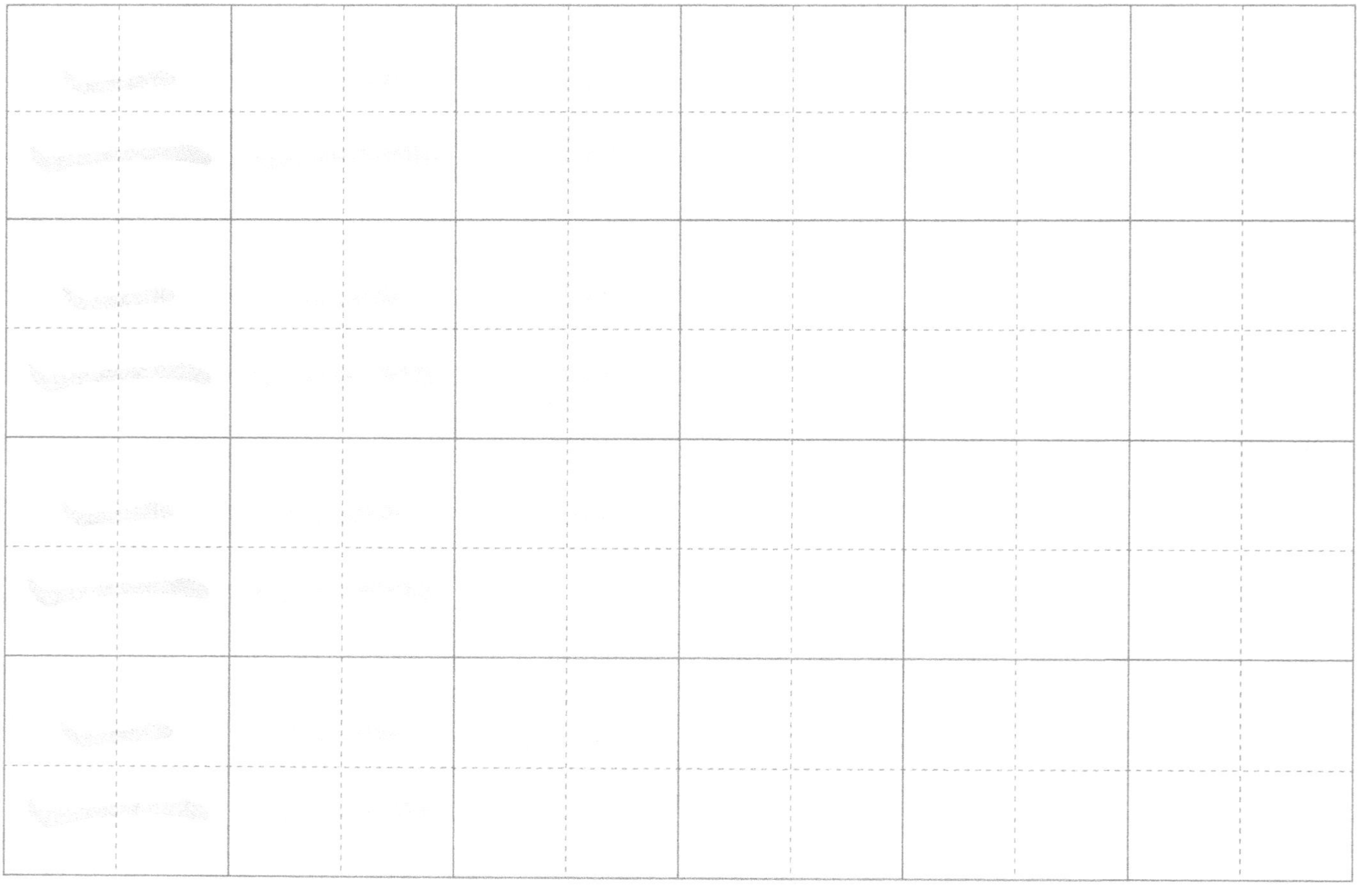

Ora esercitati a disegnare questo carattere nelle celle più piccole.

ヌ ヌ nu

PARLA Pronunciato come il ‘nu’ in nuziale.

IMPARA Disegnato con due tratti; un long fade, stop.

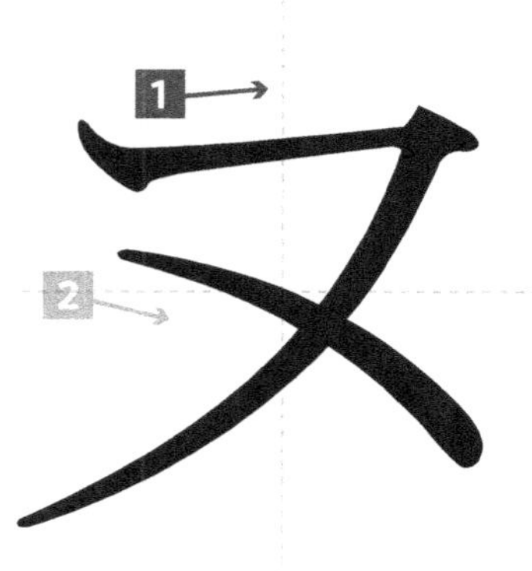

Inizia il tuo primo tratto con una linea orizzontale leggermente inclinata da sinistra a destra e leggermente in alto. Senza sollevare la penna, fai una brusca svolta verso il basso in una lunga curva ampia. Termina come una dissolvenza nella parte inferiore sinistra della cella. Il tuo secondo segno è una curva più breve che termina con uno stop. Inizia sotto l'inizio del tuo primo tratto e taglia il centro della curva che hai appena fatto.

SCRIVI

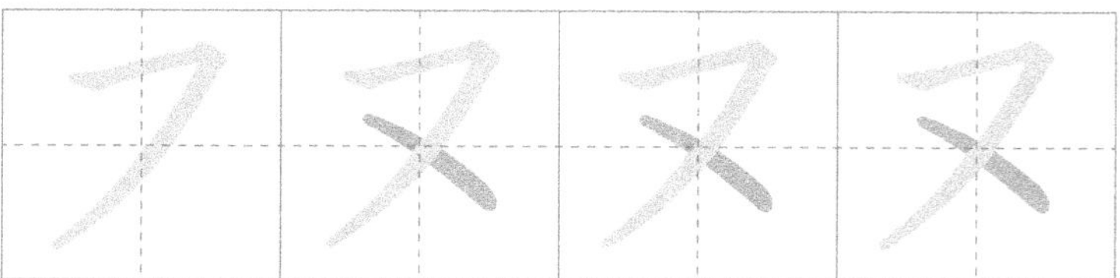

Prima di tutto, traccia le forme nelle celle sottostanti.

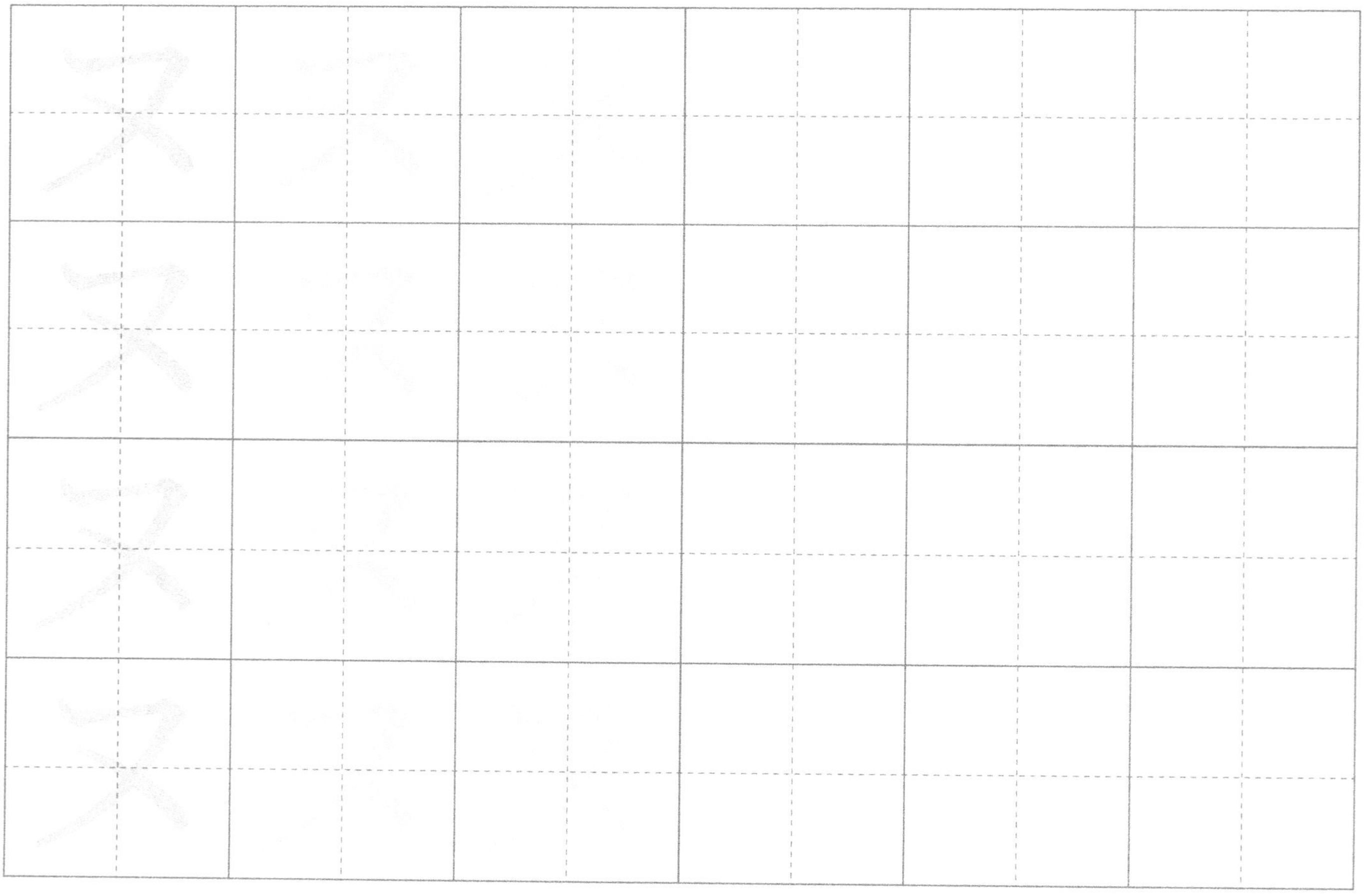

Ora esercitati a disegnare questo carattere nelle celle più piccole.

ネ ネ ne

PARLA Pronunciato come il 'ne' in nestare.

IMPARA Questo kana ha quattro tratti; stop, fade, stop e stop.

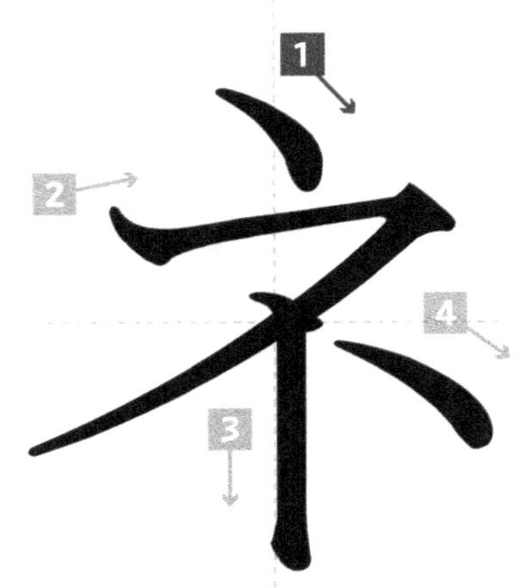

Inizia con un segno di stop corto e angolato in alto al centro. Il tuo secondo segno inizia con una linea orizzontale prima di una brusca svolta in una curva in dissolvenza verso il basso e verso sinistra. Il tratto tre è una linea verticale con uno stop, che inizia nel mezzo della curva nel tratto 2. Il segno finale è una breve linea diagonale che dovrebbe essere all'incirca della stessa lunghezza dell'estremità inferiore della curva lunga.

SCRIVI

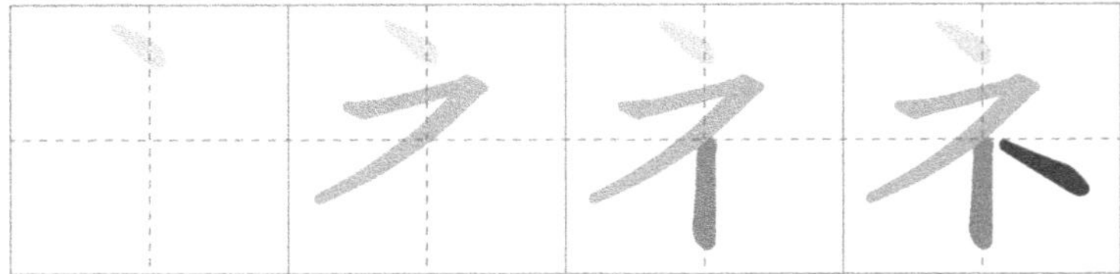

Prima di tutto, traccia le forme nelle celle sottostanti.

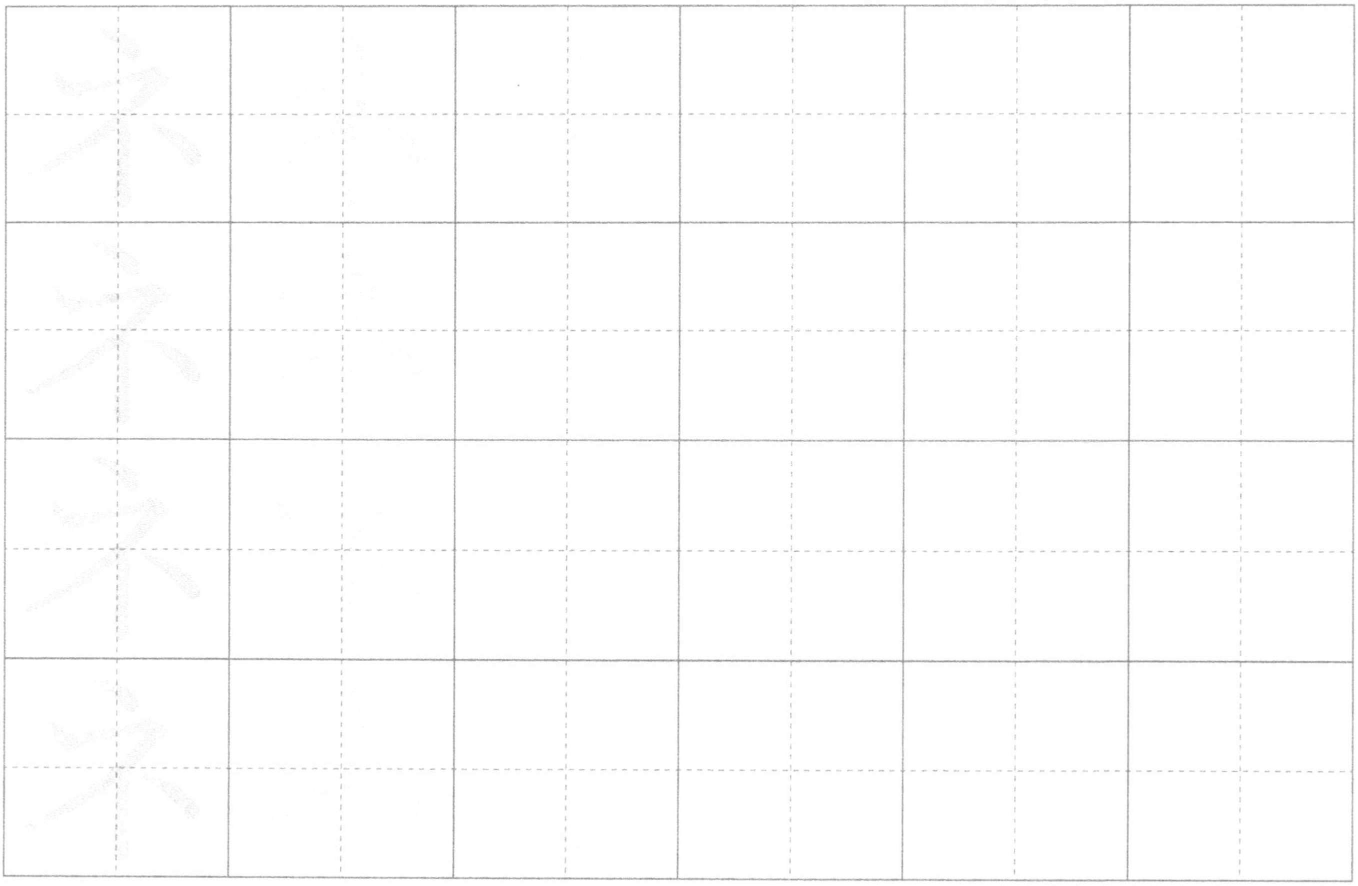

Ora esercitati a disegnare questo carattere nelle celle più piccole.

ノ ノ no

PARLA Pronunciato come il 'no' in notare.

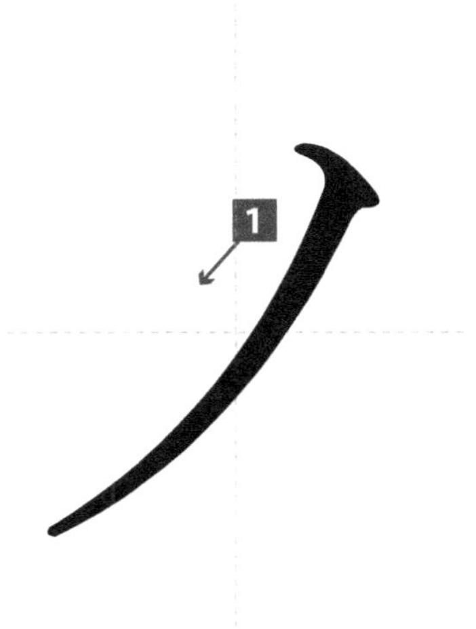

IMPARA Questo kana si scrive con un tratto: un fade.

Questo è probabilmente il più semplice dei Katakana e consiste in un singolo tratto curvo in dissolvenza. Inizia in alto a destra e scorri verso il basso fino a una dissolvenza in basso a sinistra. Attenzione al posizionamento di questo kana.

SCRIVI

Prima di tutto, traccia le forme nelle celle sottostanti.

Ora esercitati a disegnare questo carattere nelle celle più piccole.

 **ha**

PARLA
Pronunciato come la 'ha' mentre ridi, come ha-ha.

IMPARA
Disegna questo kana con due tratti: un fade e un stop.

Il tuo primo tratto è una linea diagonale curva che parte dalla sinistra del centro e si dissolve verso il basso a sinistra. Il secondo segno quasi rispecchia il primo ma termina con uno stop in basso a destra. I punti iniziali dovrebbero essere distanziati e posizionati lontano dalla linea centrale.

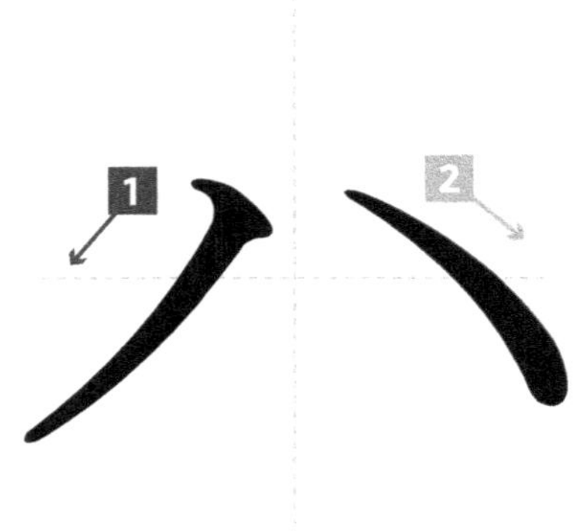

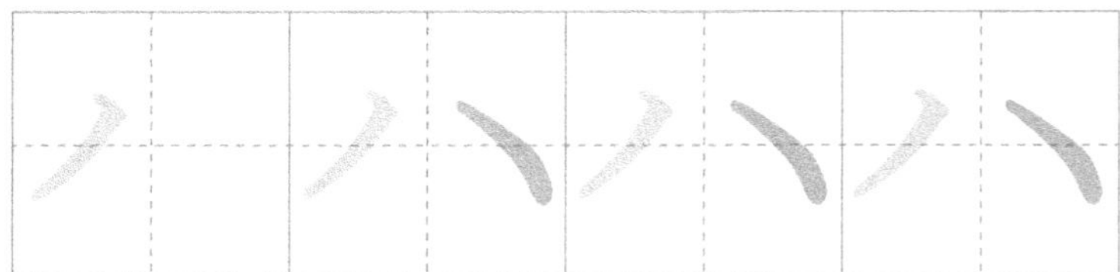

Prima di tutto, traccia le forme nelle celle sottostanti.

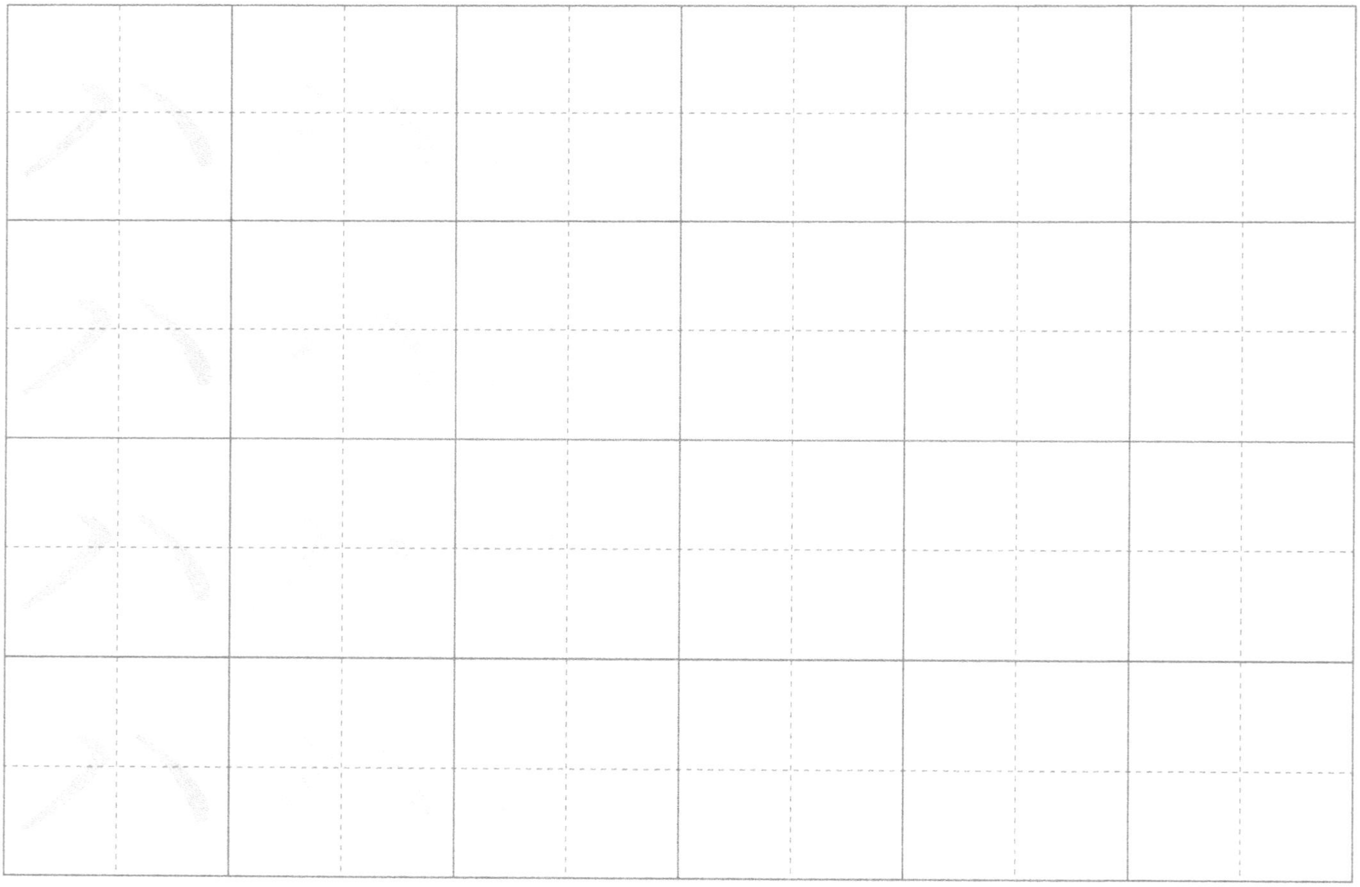

Ora esercitati a disegnare questo carattere nelle celle più piccole.

ヒ ヒ **hi**

PARLA

Pronunciato come il 'he' in He o She.

IMPARA

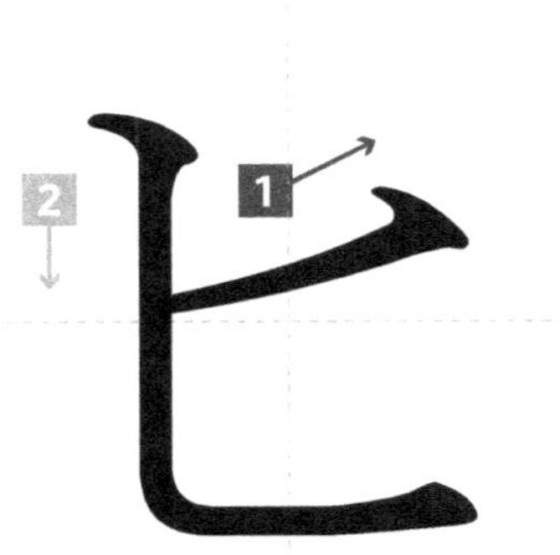

Questo kana viene disegnato con due tratti; entrambi i tratti sono stop.

Fai il primo tratto come una linea leggermente angolata da sinistra a destra, terminando con uno stop. Il tuo secondo segno inizia in alto a sinistra e inizia come una linea verticale verso il basso, toccando appena la fine del primo. Quando la penna si avvicina alla parte inferiore della cella, gira delicatamente a destra - questo non è un angolo ad angolo acuto come negli altri kana. Il secondo tratto dovrebbe fermarsi all'incirca sotto la fine del primo.

SCRIVI

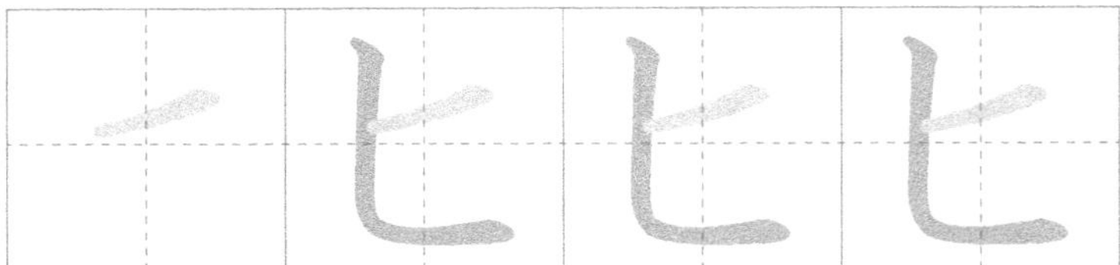

Prima di tutto, traccia le forme nelle celle sottostanti.

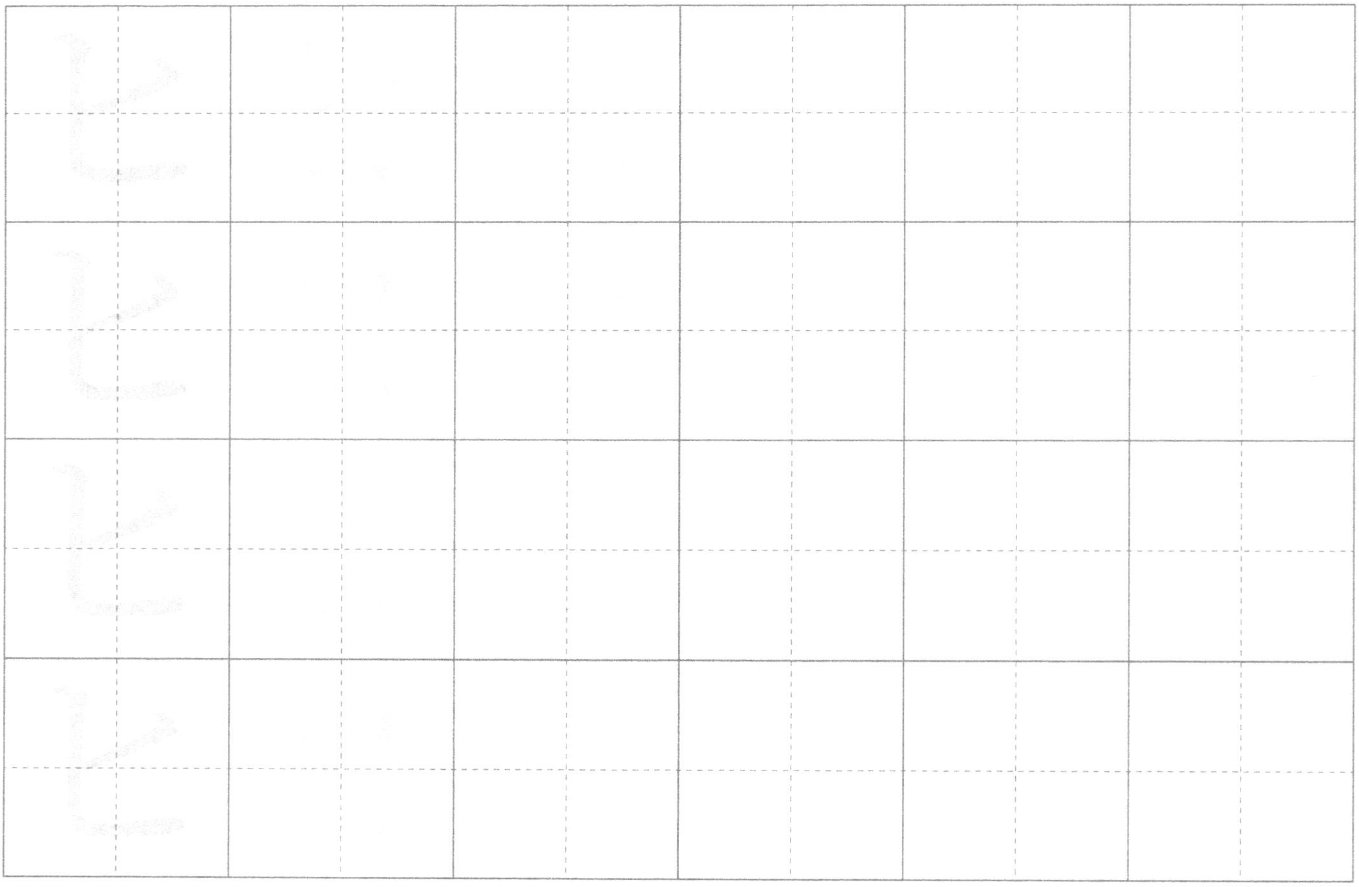

Ora esercitati a disegnare questo carattere nelle celle più piccole.

フ フ **fu**

Pronunciato come il 'fu' in fuga.

Disegnato con un singolo tratto; un long fade.

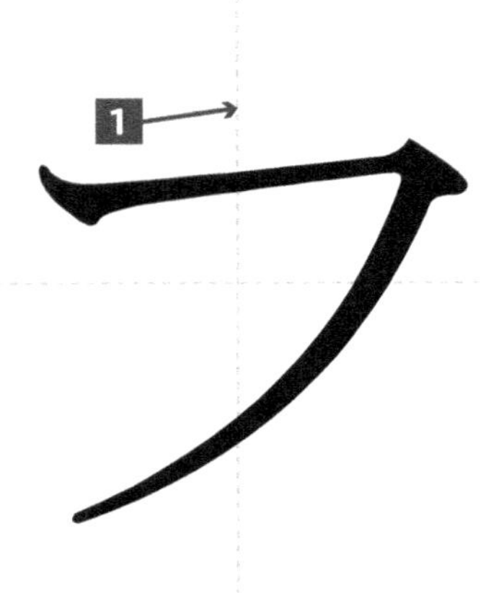

Questo kana è stato disegnato come parte dei simboli precedenti in questa cartella di lavoro. Con una forma simile al numero 7, inizia con una linea orizzontale leggermente inclinata. Quando la penna si avvicina al lato destro della cella, dovrebbe ruotare abbastanza bruscamente. Tieni la penna sulla pagina mentre continui a creare la lunga curva in dissolvenza verso il basso a sinistra della cella.

Prima di tutto, traccia le forme nelle celle sottostanti.

Ora esercitati a disegnare questo carattere nelle celle più piccole.

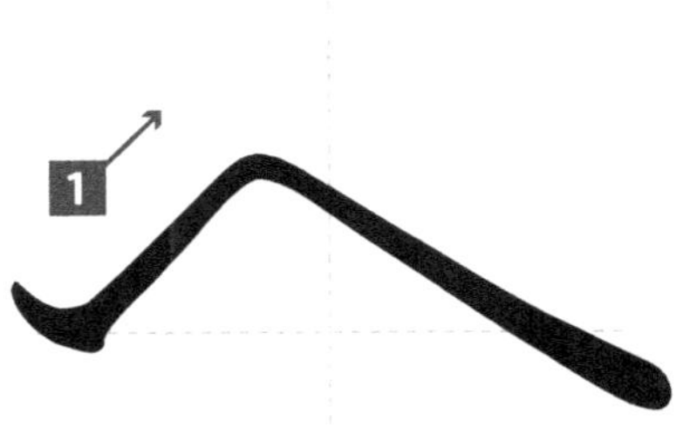

へ　ヘ　**he**

Pronunciato come il 'he' in Helsinki, con aspirazione.

Questo kana viene creato con un tratto: un stop.

Questo kana a tratto singolo inizia dal centro sul lato sinistro della cella. Disegna la penna in diagonale verso l'alto e verso destra ma, prima di raggiungere la linea centrale, torna indietro e traccia la linea diagonale più lunga in basso a destra. Assicurati che il "punto" in alto sia posizionato a sinistra della linea centrale.

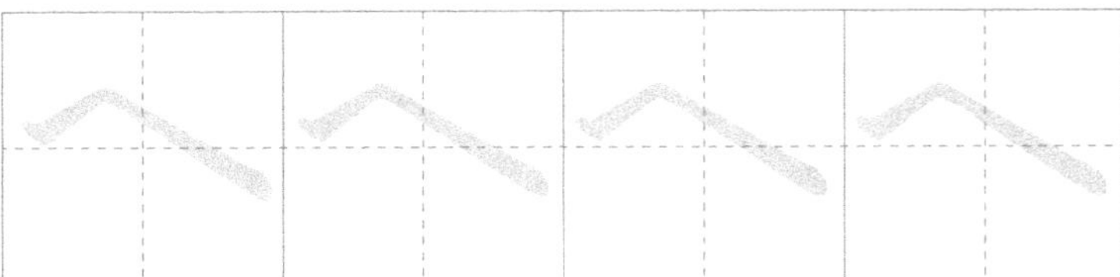

Prima di tutto, traccia le forme nelle celle sottostanti.

Ora esercitati a disegnare questo carattere nelle celle più piccole.

ホ ホ ho

PARLA Pronunciato come il ‘or’ in ora, con un suono ‘h’ aspirato.

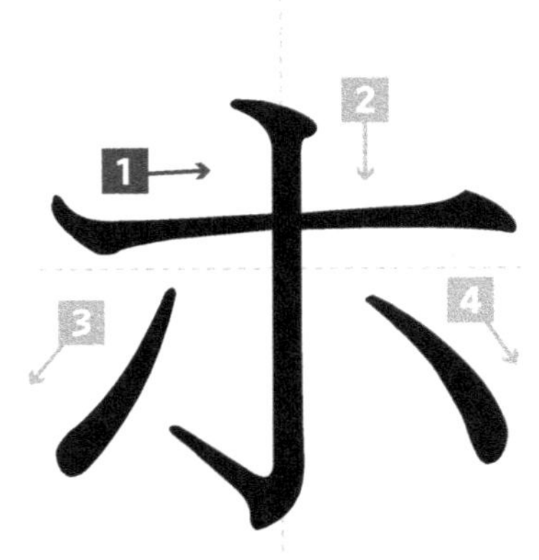

IMPARA Questo kana contiene quattro tratti; stop, jump fade, stop e stop.

Il primo tratto è una linea orizzontale da sinistra a destra. Il tuo secondo tratto è una linea verticale, che taglia a metà del primo tratto, appena sopra il centro della cella. Termina con una hane sfogliando la penna dal foglio. Il terzo e il quarto tratto vengono eseguiti nello stesso modo in cui disegniamo il kana ハ, specchiandosi a vicenda. Non dovrebbero entrare in contatto con nessuno degli altri tuoi marchi.

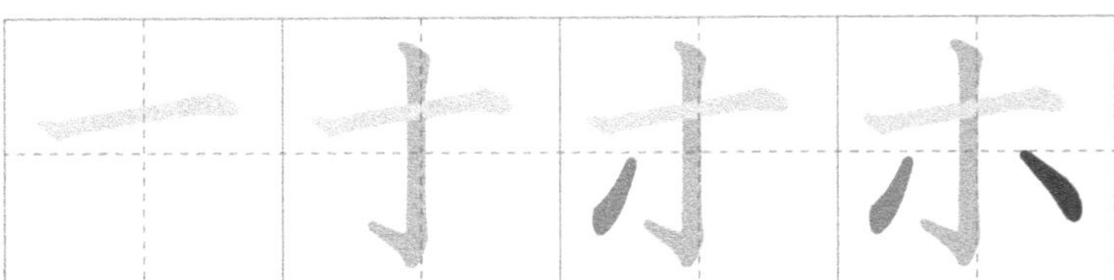

SCRIVI Prima di tutto, traccia le forme nelle celle sottostanti.

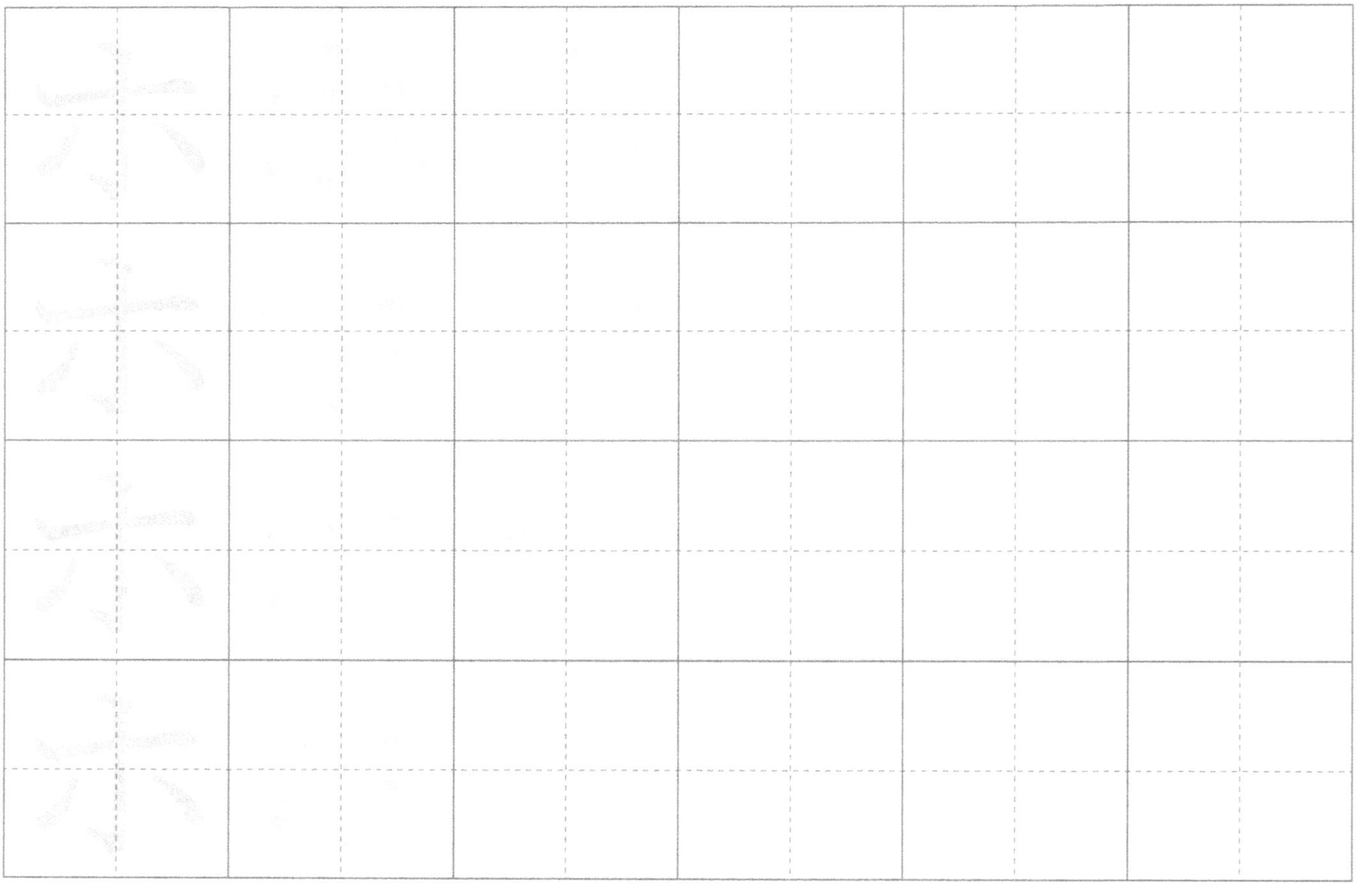

Ora esercitati a disegnare questo carattere nelle celle più piccole.

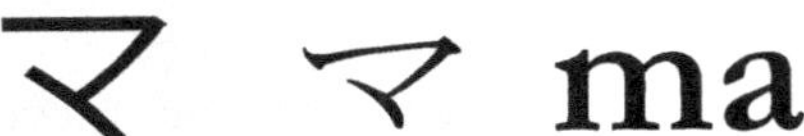

マ マ ma

PARLA Pronunciato come il 'ma' in macchina.

IMPARA Disegnato con due tratti; long fade, short stop.

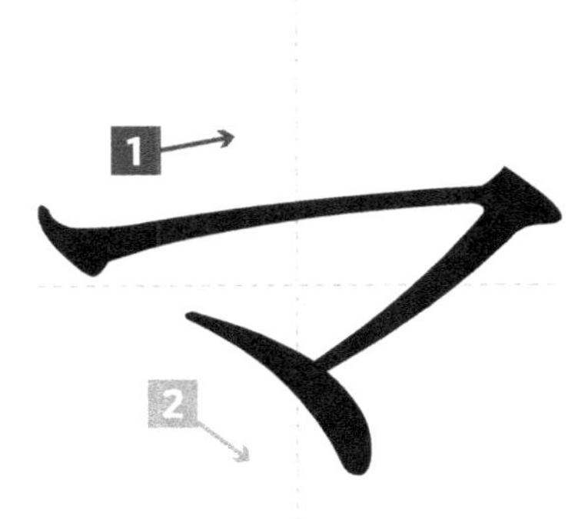

Cominciando con un primo tratto familiare, muovi la penna sulla cella in una linea orizzontale. Senza sollevare la penna, ruotare bruscamente indietro e in basso con una curva più corta sbiadita a sinistra. Il tuo secondo tratto è una linea relativamente corta, fatta con un angolo verso il basso e verso destra. Fai attenzione a non confonderlo con il kana ア che abbiamo imparato all'inizio!

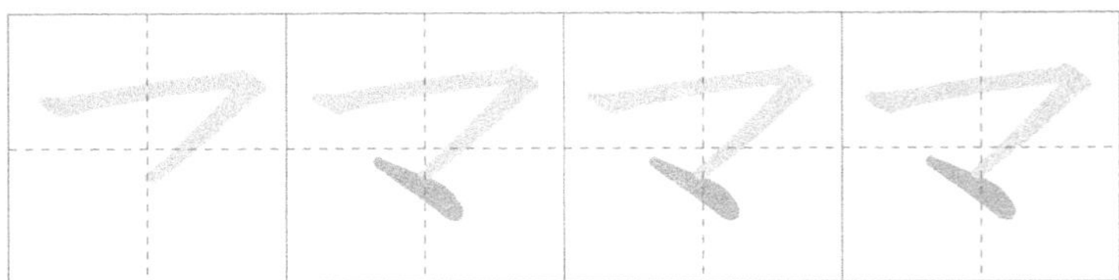

SCRIVI Prima di tutto, traccia le forme nelle celle sottostanti.

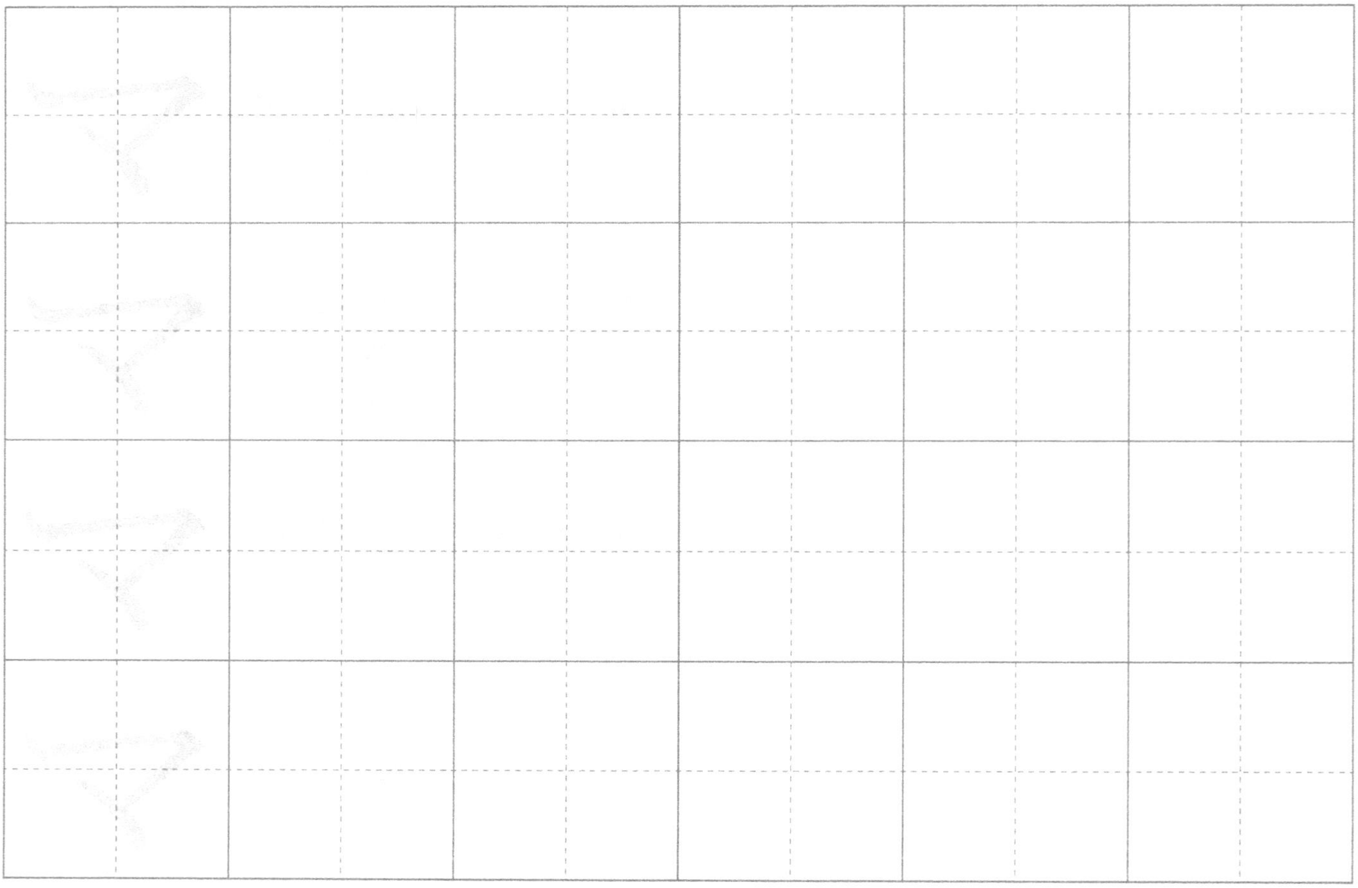

Ora esercitati a disegnare questo carattere nelle celle più piccole.

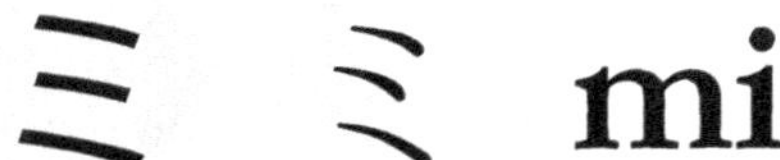

ミ ミ mi

PARLA Pronunciato come il 'mi' in minuto.

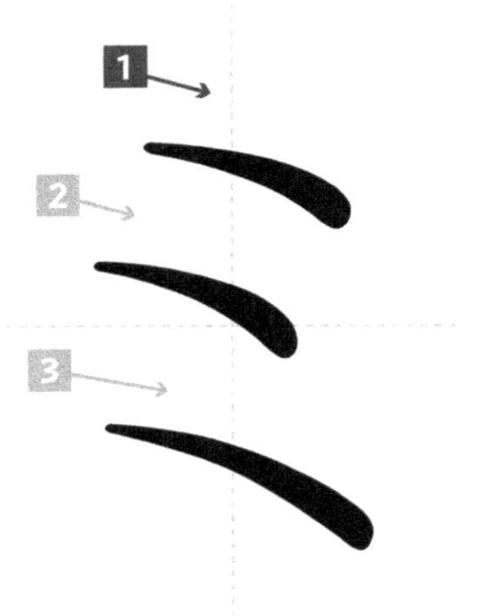

IMPARA Disegnato con tre tratti; tutti i tratti sono stop.

Questo kana è relativamente semplice, composto da tre brevi linee parallele. Ciascuno è disegnato con una leggera angolazione, portando la penna a fermarsi mentre ci si sposta da sinistra a destra. Il terzo tratto è leggermente più lungo e la posizione di partenza appena un po' a destra.

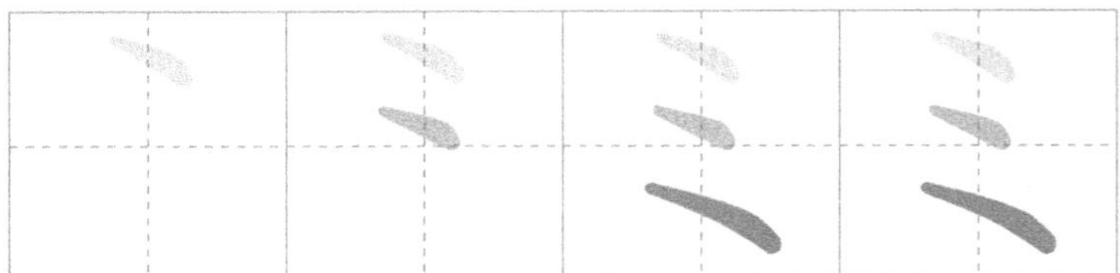

SCRIVI Prima di tutto, traccia le forme nelle celle sottostanti.

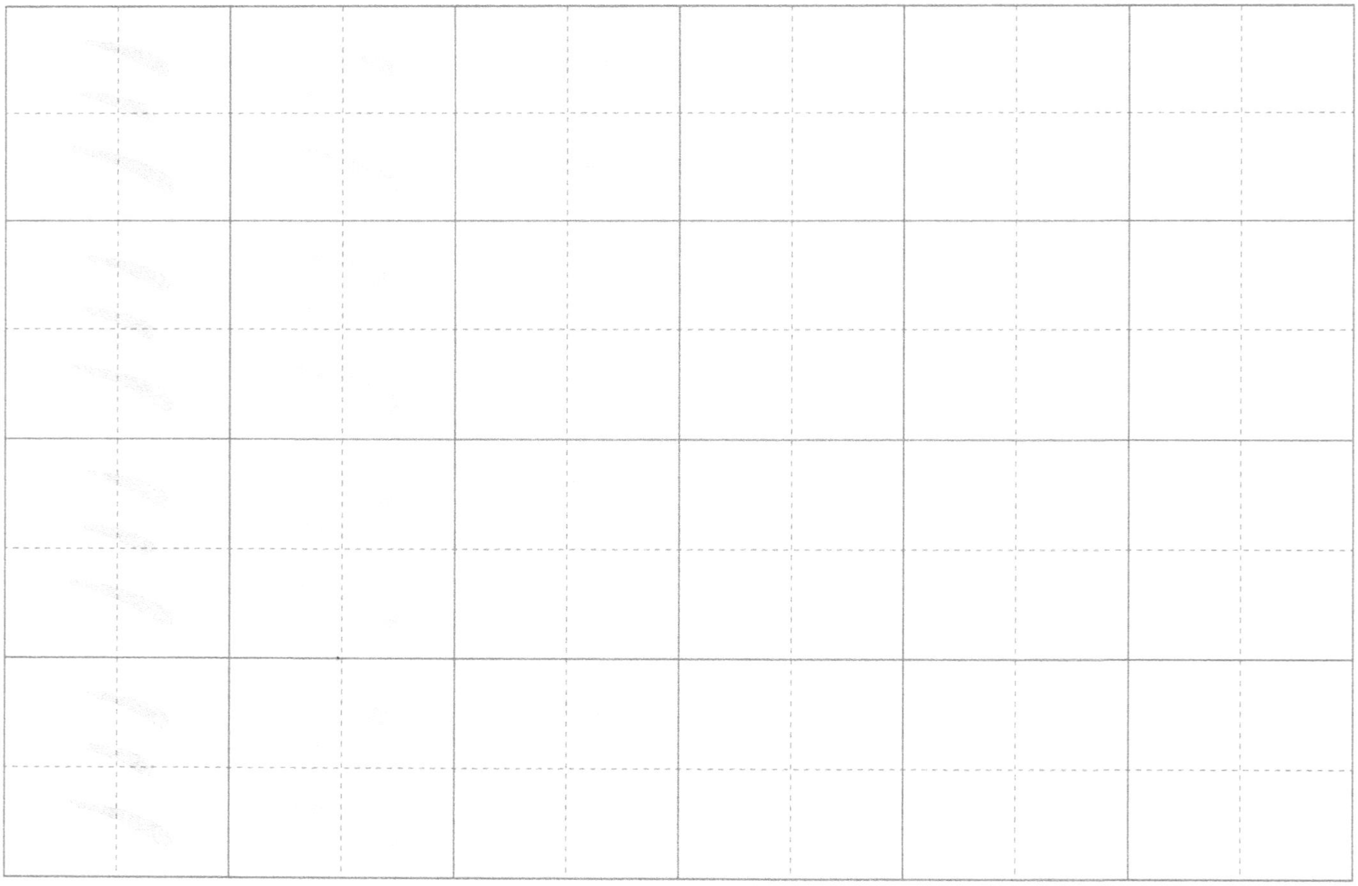

Ora esercitati a disegnare questo carattere nelle celle più piccole.

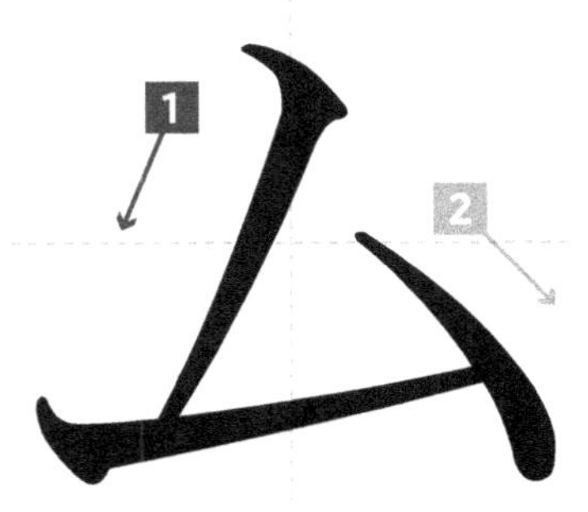

ム　ム　**mu**

Pronunciato come il 'mu' in musica.

Disegna questo kana con due tratti; stop e stop.

Sembra quasi tre tratti separati, ma il primo crea una sorta di forma a L. Inizia con una linea retta, tracciata diagonalmente dal centro in alto a quello in basso a sinistra. Tieni la penna sul foglio e svolta bruscamente a destra. Spostati attraverso la cella con un'angolazione molto più ridotta e termina con uno stop. La seconda linea è un breve segno di arresto diagonale che dovrebbe toccare la fine del primo tratto mentre scende.

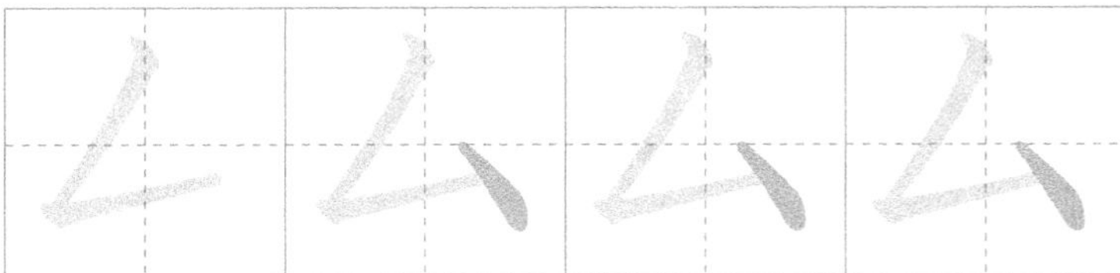

Prima di tutto, traccia le forme nelle celle sottostanti.

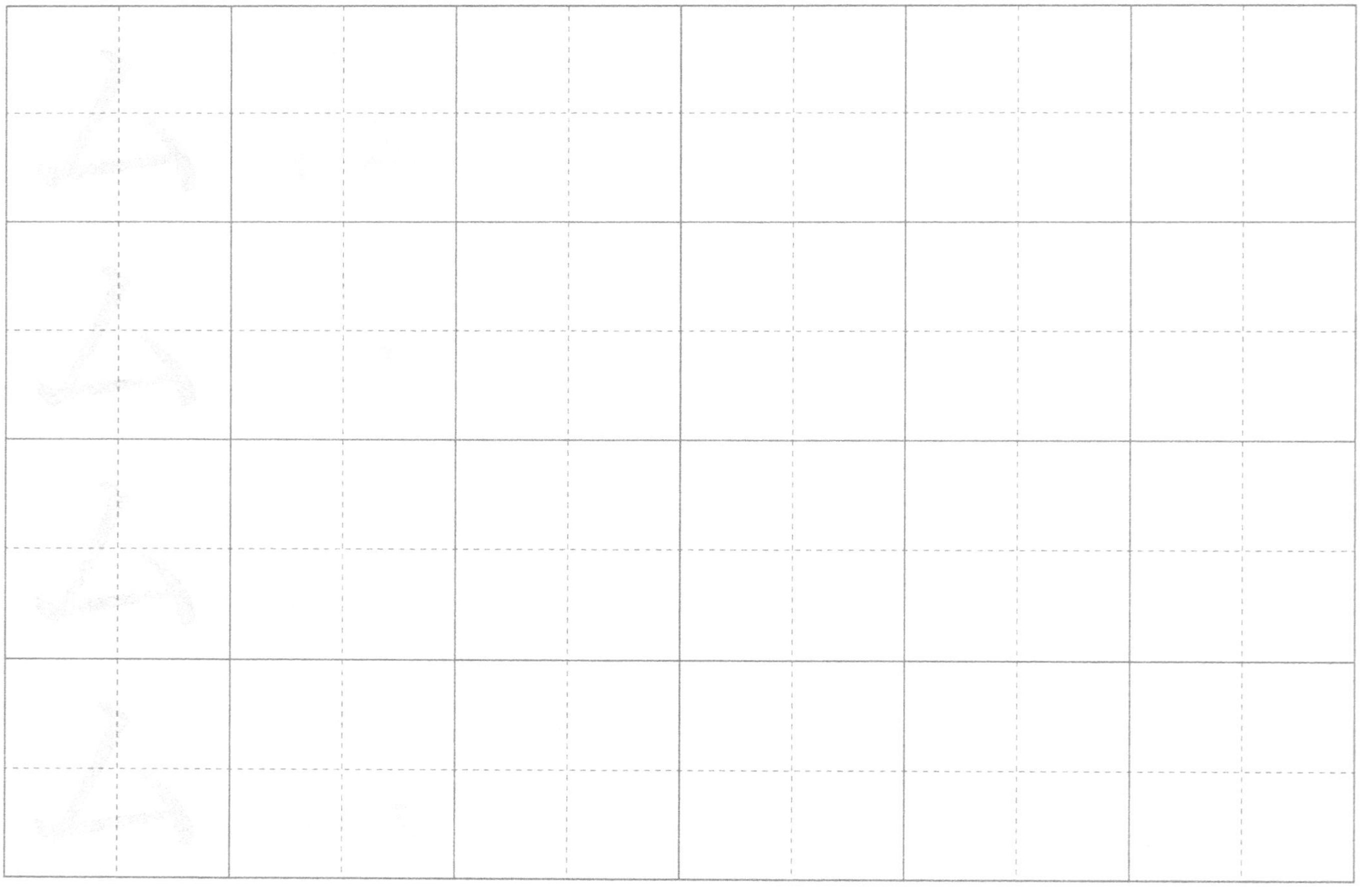

Ora esercitati a disegnare questo carattere nelle celle più piccole.

 **me**

 Pronunciato come 'meh' simile al 'me' in mentre.

 Questo kana si disegna con due tratti: un fade e un stop.

Il tuo primo tratto è una linea curva relativamente lunga, tracciata dal quadrante in alto a destra a quello in basso a sinistra. Questa linea dovrebbe terminare con una dissolvenza. Il secondo segno diagonale è una curva più corta che taglia la metà del primo tratto e termina con uno stop.

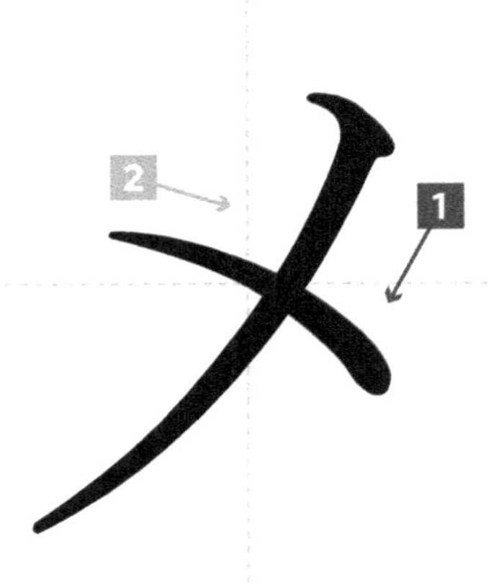

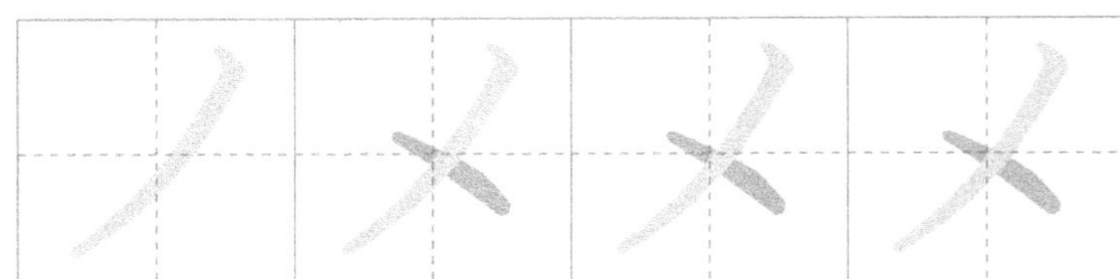

SCRIVI

Prima di tutto, traccia le forme nelle celle sottostanti.

Ora esercitati a disegnare questo carattere nelle celle più piccole.

モ モ mo

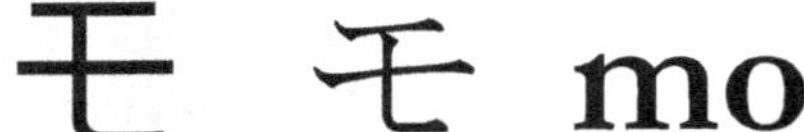

PARLA Pronunciato come il 'mo' in profumo.

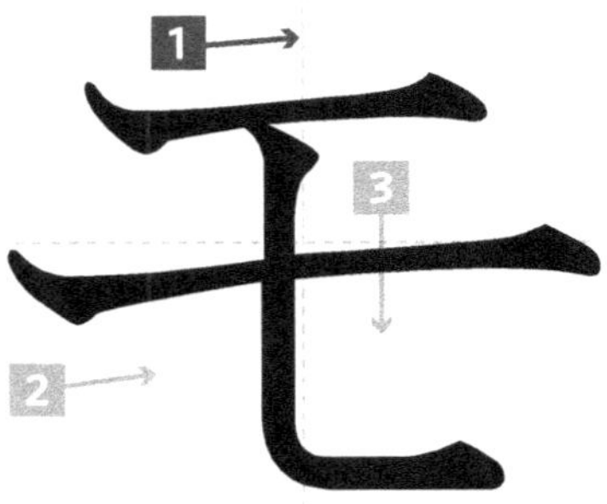

IMPARA Questo kana contiene tre tratti; tutti i tratti sono stop.

Inizia questo kana disegnando il primo e il secondo tratto come due linee orizzontali. Il secondo dovrebbe essere un po' più lungo del primo. Il tuo terzo tratto inizia con il primo tratto e viene disegnato come una linea verticale verso il basso, per cominciare. Taglia il tuo secondo tratto e, quando la penna si avvicina al fondo della cella, gira delicatamente a destra e si ferma a destra.

SCRIVI

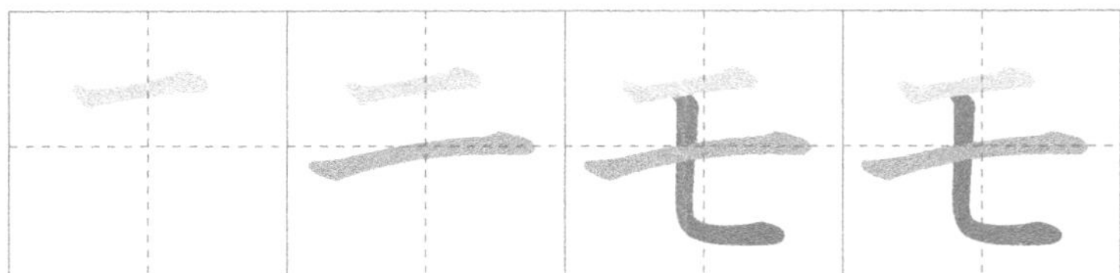

Prima di tutto, traccia le forme nelle celle sottostanti.

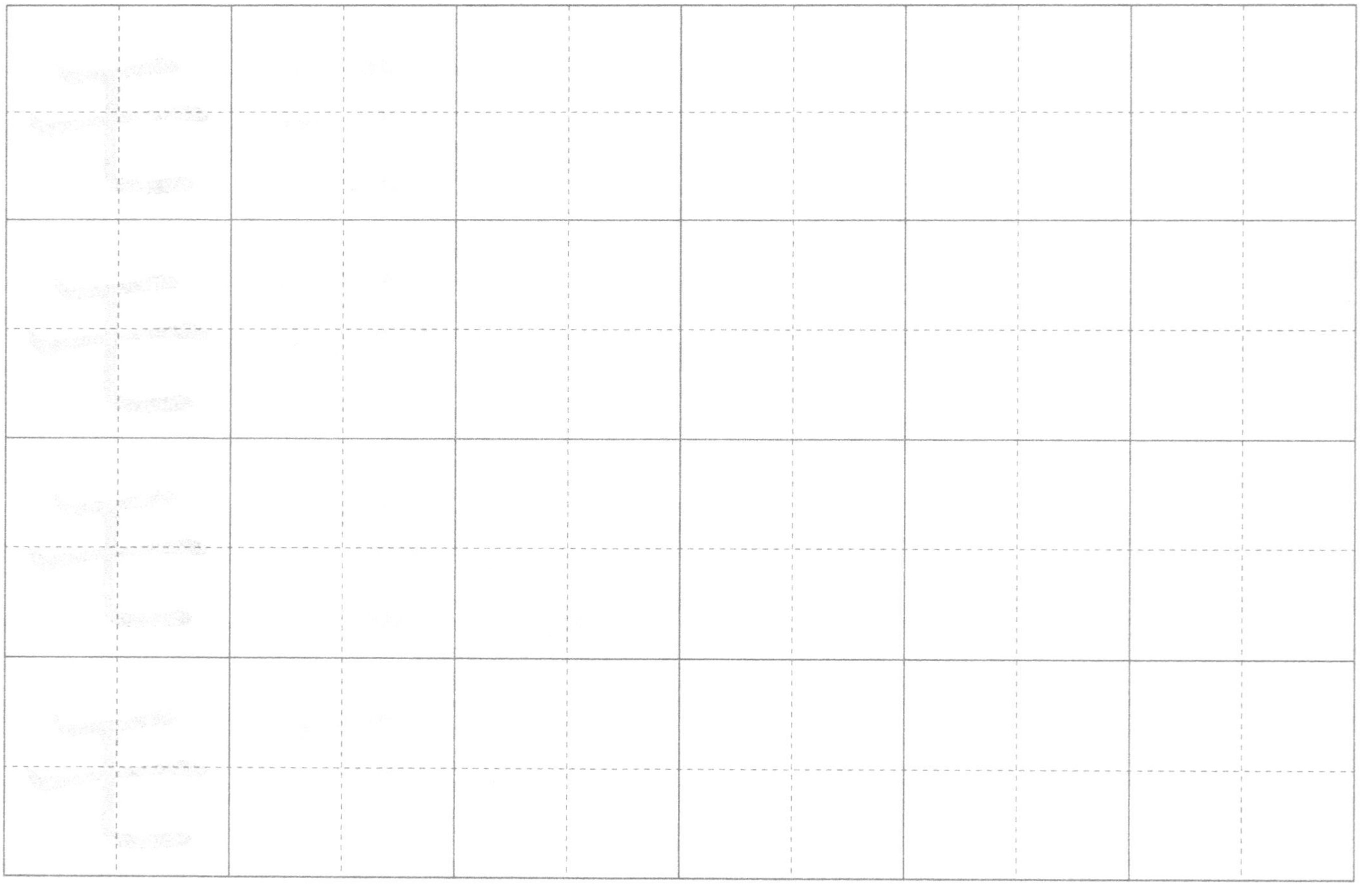

Ora esercitati a disegnare questo carattere nelle celle più piccole.

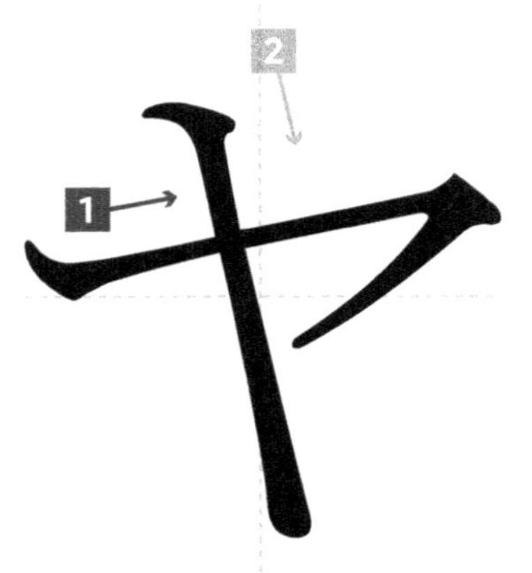

ヤ　ヤ　**ya**

PARLA	Pronunciato come il 'ya' in yahoo.
IMPARA	Disegna questo kana con due tratti: un fade e un stop.

Iniziamo a disegnare questo kana con una linea retta da sinistra a destra, con un angolo relativamente basso verso l'alto. Quando ci avviciniamo al lato destro della cella, gira bruscamente verso il basso e torna verso il centro con una breve dissolvenza. Il tuo secondo tratto è una lunga linea diagonale dalla parte in alto a sinistra della cella, più vicino al centro rispetto al lato, e taglia il primo tratto a circa un terzo dall'inizio.

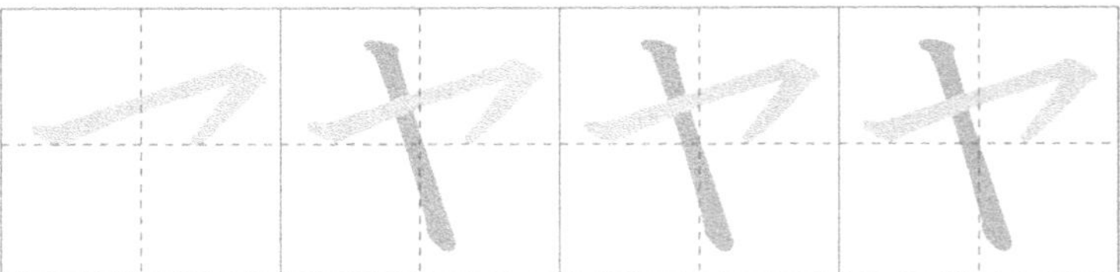

SCRIVI

Prima di tutto, traccia le forme nelle celle sottostanti.

Ora esercitati a disegnare questo carattere nelle celle più piccole.

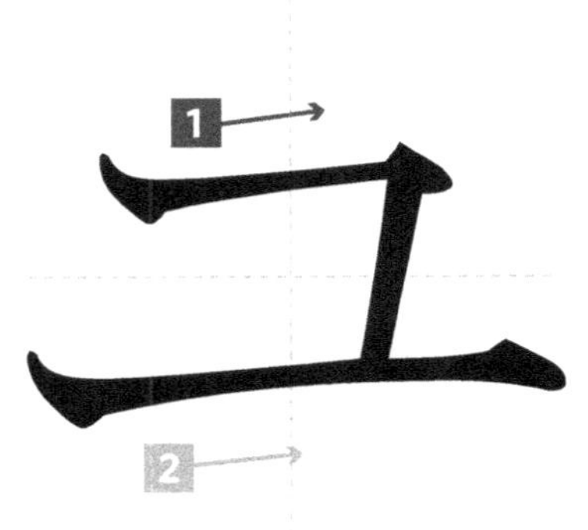

ユ ユ yu

PARLA

Pronunciato come la 'iu' in fiume.

IMPARA

Questo kana viene disegnato con due tratti; entrambi i tratti sono stop.

Il tuo primo tratto inizia come una breve linea orizzontale e poi fa una brusca virata fino a fermarsi. Il tuo secondo segno inizia più a sinistra rispetto al primo e sotto la linea centrale. È una linea orizzontale più lunga e deve toccare la fine del primo tratto. Affinché questo simbolo non venga confuso con katakana ユ, fai attenzione che il secondo tratto si estenda ulteriormente su entrambi i lati.

SCRIVI

Prima di tutto, traccia le forme nelle celle sottostanti.

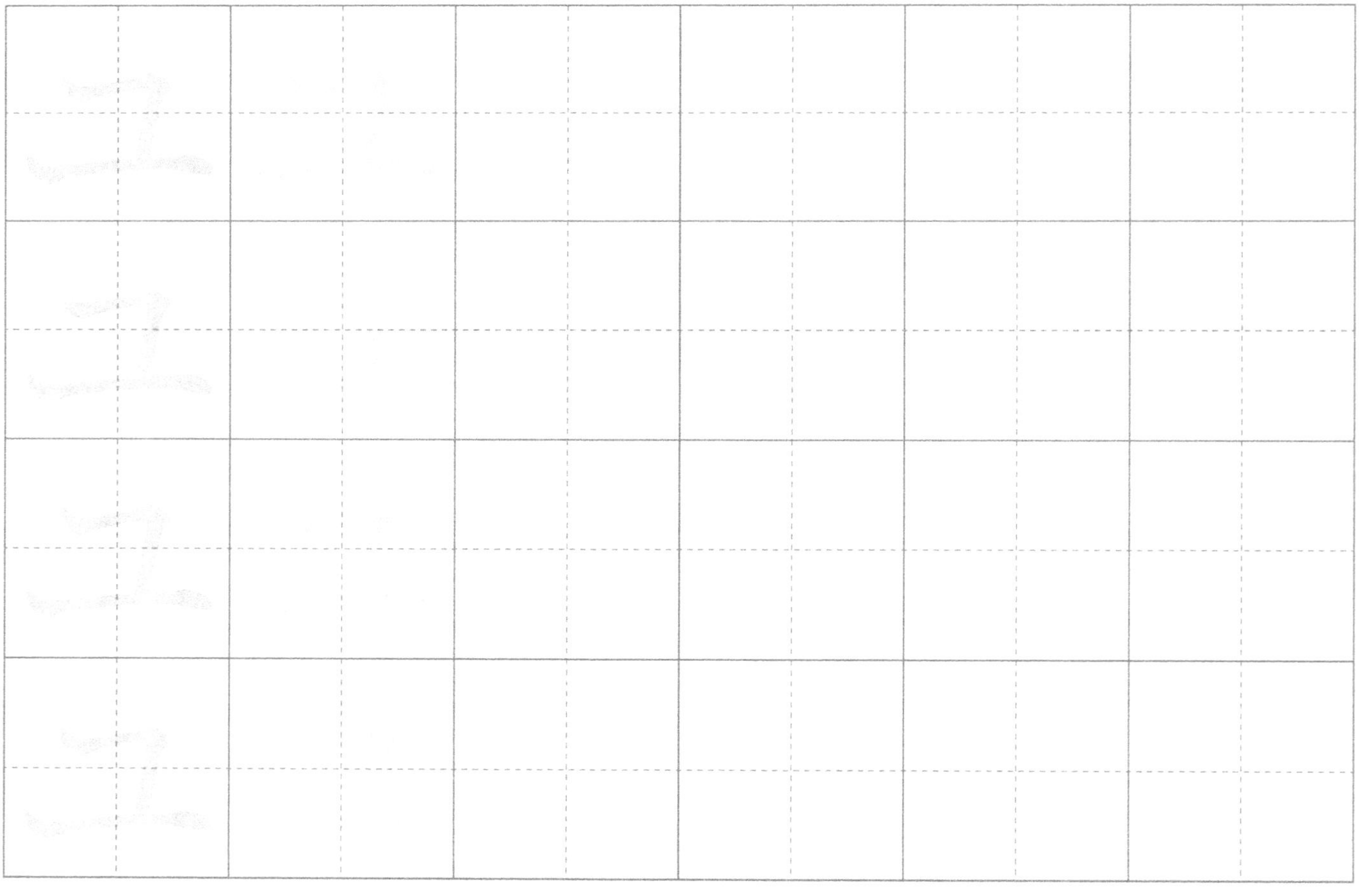

Ora esercitati a disegnare questo carattere nelle celle più piccole.

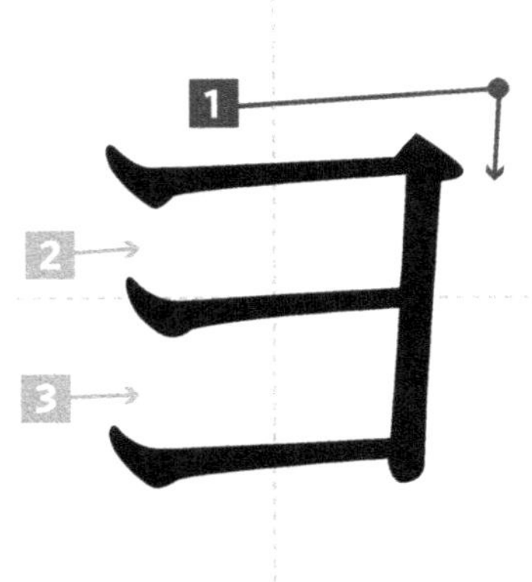

ヨ ヨ yo

PARLA

Pronunciato come il 'yo' in yo-yo.

IMPARA

Questo kana viene disegnato con tre tratti: tutti i tratti sono stop.

Questo kana sembra una lettera E rovesciata e, simile al kana, nella pagina precedente, inizia con una linea orizzontale che si trasforma in una linea verticale sul lato destro. La seconda linea è leggermente più corta, tracciata al centro della cella per incontrare il centro della linea verticale. Infine, la terza linea è leggermente più lunga, da sinistra a destra, che incontra la fine del primo tratto nel quadrante in basso a destra.

SCRIVI

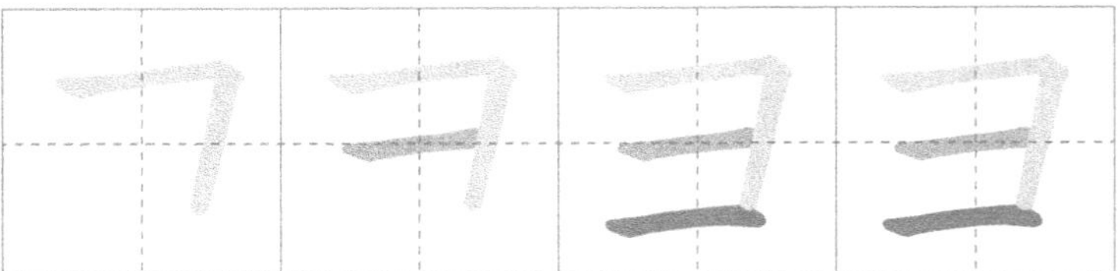

Prima di tutto, traccia le forme nelle celle sottostanti.

Ora esercitati a disegnare questo carattere nelle celle più piccole.

ラ ラ ラ **ra**

Pronunciato come il 'ra' in lettura.

Questo kana viene disegnato con due tratti; stop, fade.

Inizia facendo una breve linea orizzontale con un tratto di stop vicino alla parte superiore della cella. Il tratto numero due è come la forma del numero 7 e inizia con una linea orizzontale più lunga parallela al primo tratto. Quindi gira per formare una linea diagonale lunga e curva. Sfuma questo tratto verso l'area centrale in basso.

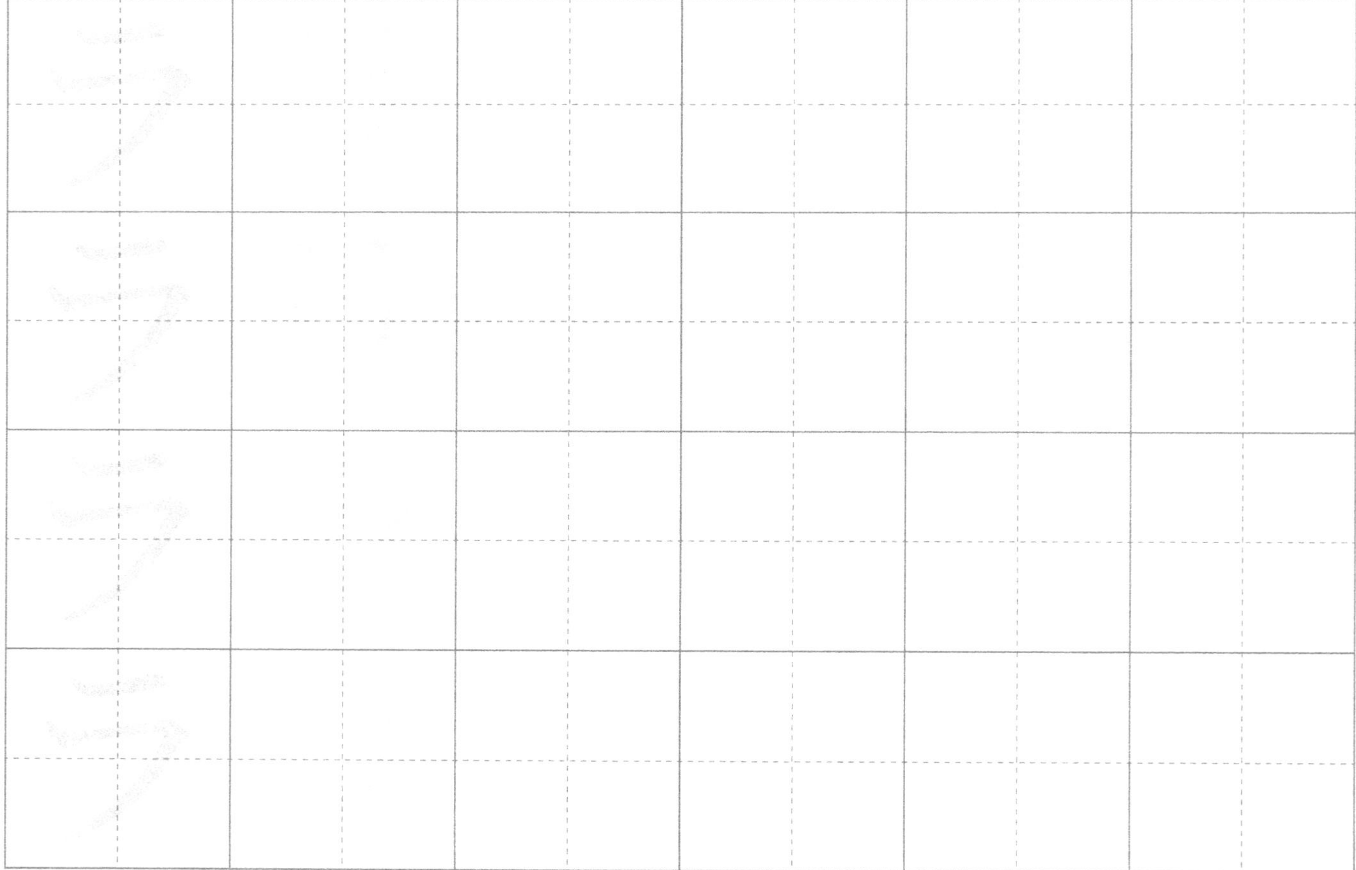

Prima di tutto, traccia le forme nelle celle sottostanti.

Ora esercitati a disegnare questo carattere nelle celle più piccole.

リ リ **ri**

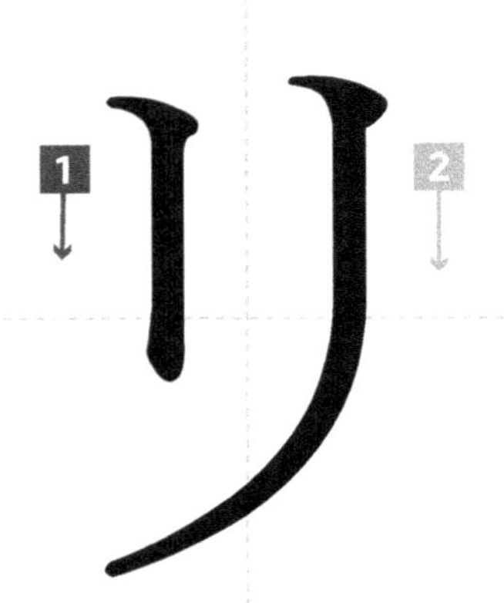

PARLA Pronunciato come il 'ri' in righe.

IMPARA Questo kana viene disegnato con due tratti; stop, fade.

Questo è un altro simbolo Katakana che è visivamente simile alla controparte Hiragana. Il primo tratto è semplicemente una linea retta verticale dall'area in alto a sinistra fino appena sotto la linea centrale. Finisce con un stop. La tua seconda linea inizia ad un'altezza simile al primo tratto ed è disegnata direttamente sulla linea centrale prima di curvare indietro verso la parte inferiore sinistra della cella - termina questo tratto con una dissolvenza.

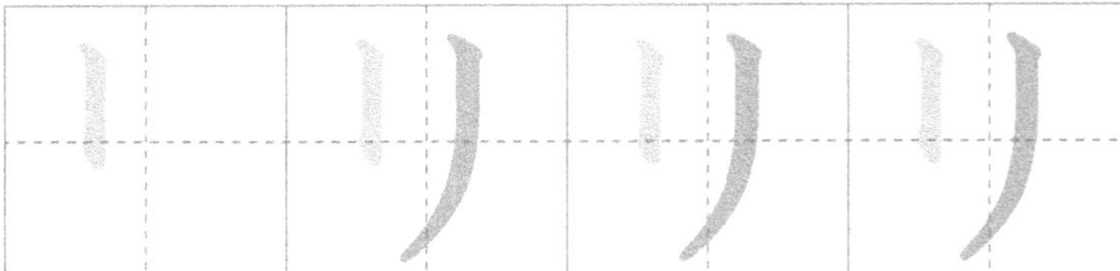

SCRIVI Prima di tutto, traccia le forme nelle celle sottostanti.

Ora esercitati a disegnare questo carattere nelle celle più piccole.

ル ル **ru**

PARLA Pronunciato come il 'ru' in ruggito.

IMPARA Questo kana viene disegnato con due tratti; entrambi sono fades.

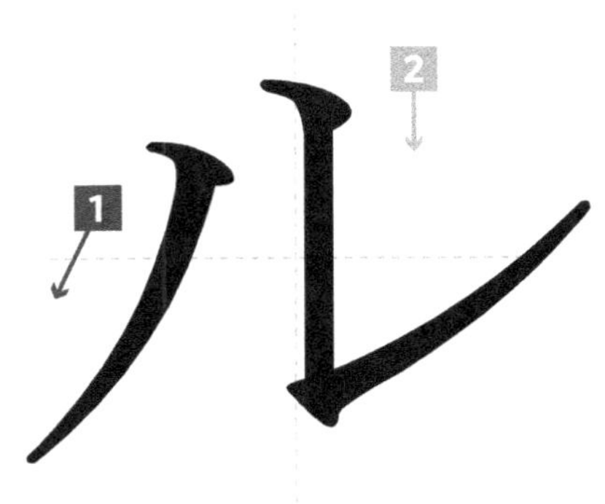

Inizia con una linea curva dalla parte superiore fino al lato inferiore sinistro e finisci con una dissolvenza. Il secondo tratto inizia come una linea verticale retta dal punto più alto del primo e appena a destra della linea centrale. Quando la penna si avvicina al fondo, ruota bruscamente verso destra e verso l'alto con un tratto leggermente curvo e sfumato per terminare.

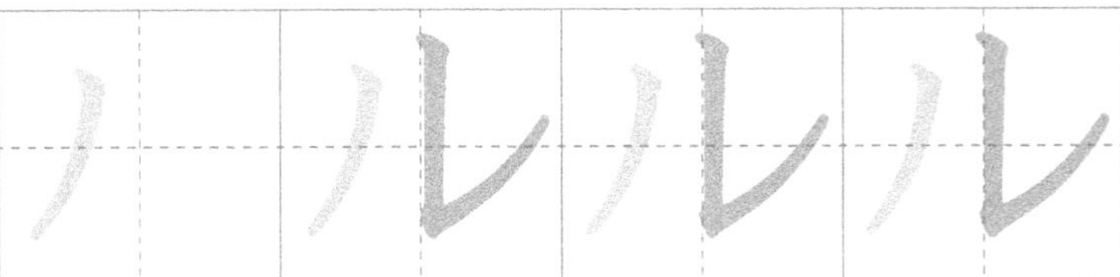

SCRIVI Prima di tutto, traccia le forme nelle celle sottostanti.

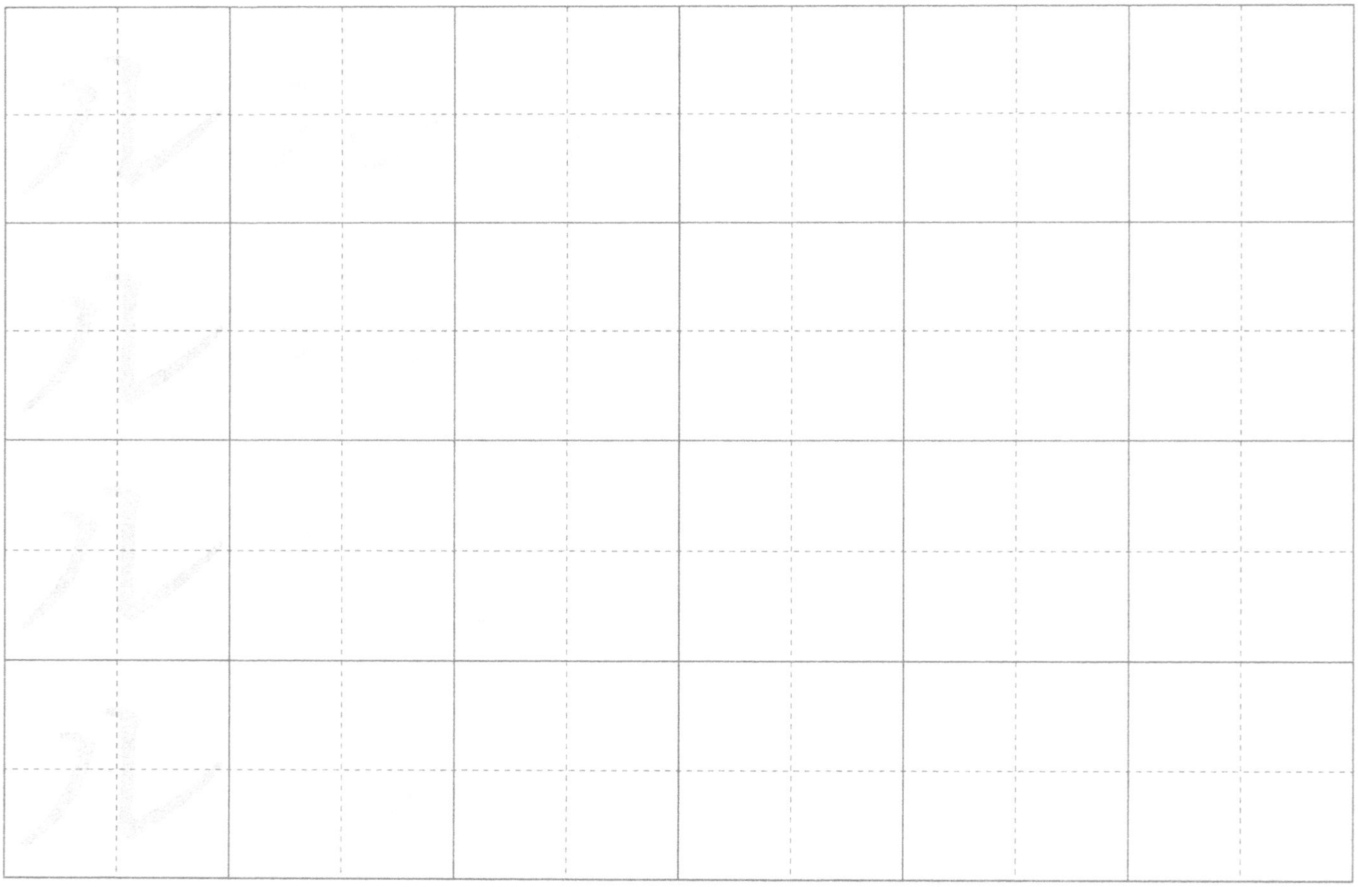

Ora esercitati a disegnare questo carattere nelle celle più piccole.

レ レ **re**

Pronunciato come 're' in rete.

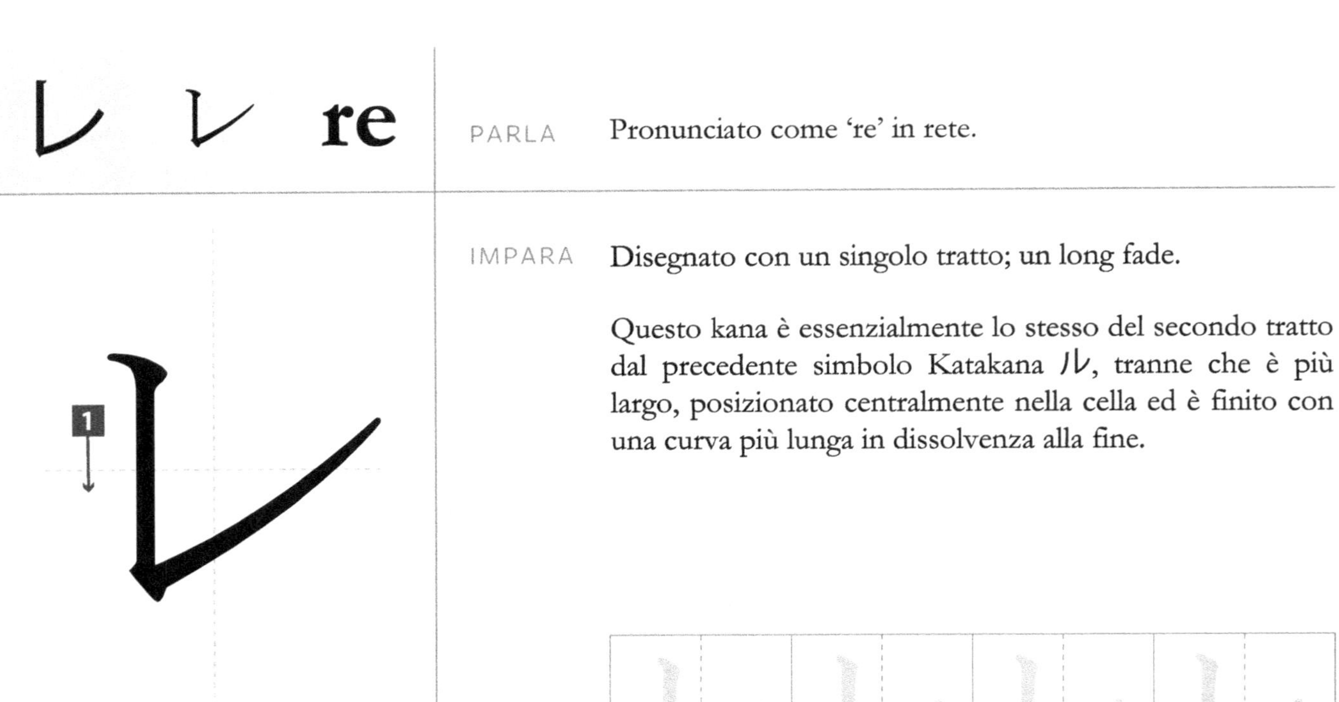

IMPARA

Disegnato con un singolo tratto; un long fade.

Questo kana è essenzialmente lo stesso del secondo tratto dal precedente simbolo Katakana ル, tranne che è più largo, posizionato centralmente nella cella ed è finito con una curva più lunga in dissolvenza alla fine.

SCRIVI

Prima di tutto, traccia le forme nelle celle sottostanti.

Ora esercitati a disegnare questo carattere nelle celle più piccole.

ロ ロ ro

PARLA Pronunciato come il 'ro' in lavaro.

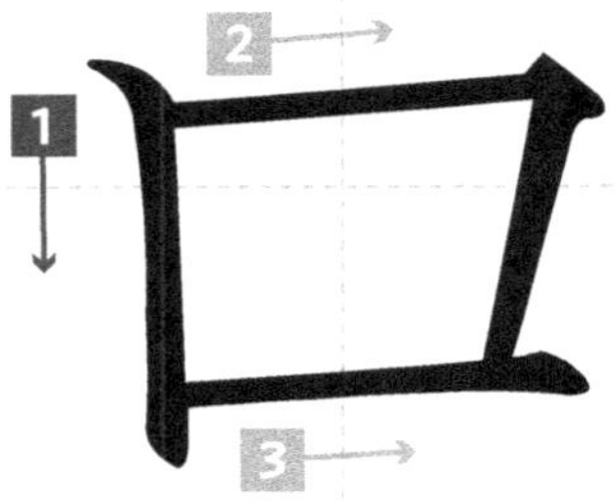

IMPARA Questo kana viene disegnato con tre tratti; tutti i tratti sono stop.

Fai il tuo primo tratto con una linea verticale diritta nella metà sinistra della cella. Il secondo tratto inizia nello stesso punto del primo e viene estratto a destra prima di scendere in linea retta. Il tratto finale è un'altra linea orizzontale retta, che inizia alla fine del primo tratto. Termina con una fermata quando la penna incontra la fine del secondo tratto. La forma a scatola sarà posizionata in basso al centro.

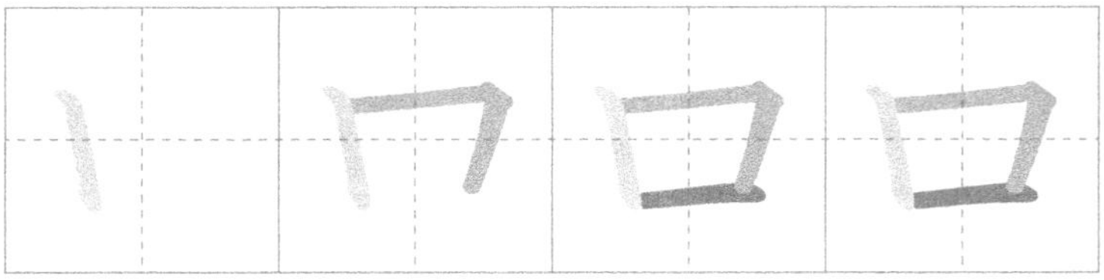

SCRIVI

Prima di tutto, traccia le forme nelle celle sottostanti.

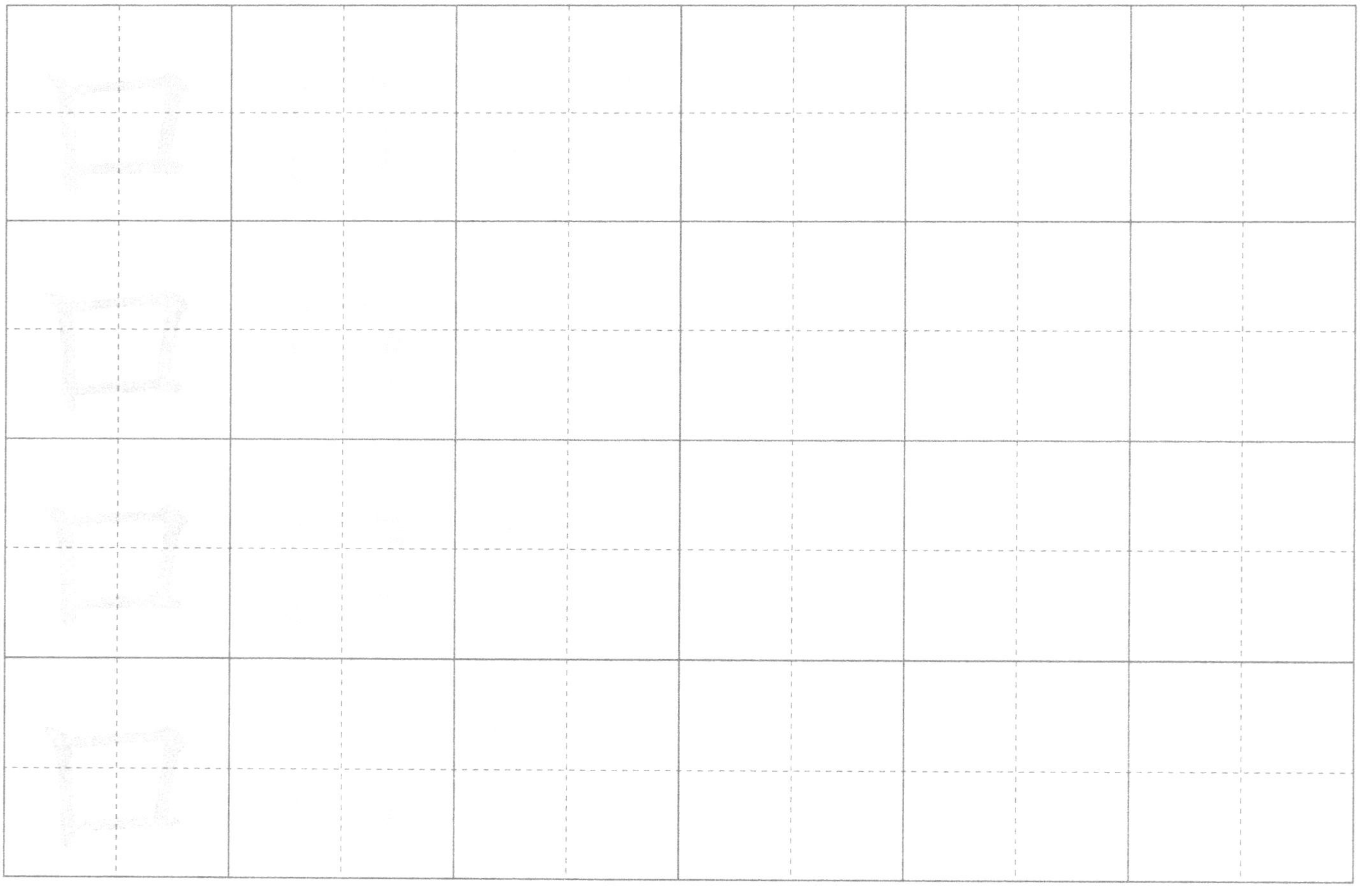

Ora esercitati a disegnare questo carattere nelle celle più piccole.

ワ ワ **wa**

Pronunciato come il 'ua' in quaglia.

Questo kana viene disegnato con due tratti; stop, fade.

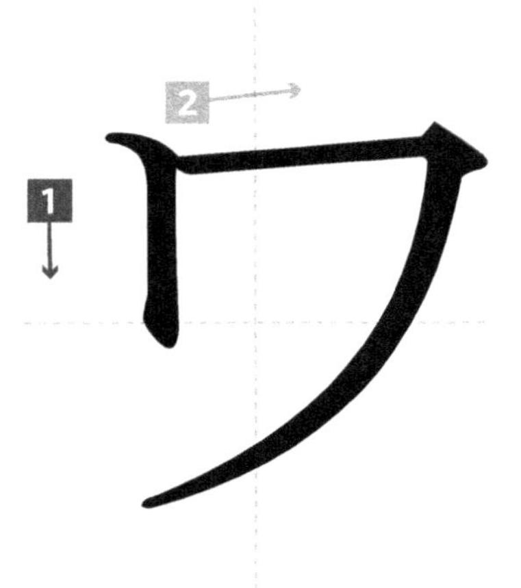

Affinché questo kana non venga confuso con Katakana ク, è importante che il tuo primo tratto faccia una linea verticale diritta. Il secondo tratto inizia nello stesso punto del primo tratto e si sposta verso destra prima di girare e diventare una linea diagonale curva. Sfuma questo tratto quando si avvicina al fondo vicino al centro.

Prima di tutto, traccia le forme nelle celle sottostanti.

Ora esercitati a disegnare questo carattere nelle celle più piccole.

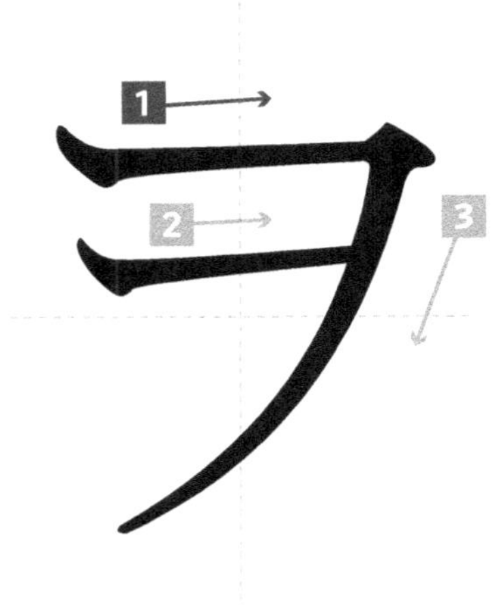

ヲ ヲ ヲ **wo**[*]

PARLA   Pronunciato come il 'uo' in duomo.

IMPARA   Disegnato con tre tratti; long fade e due stop.

Il nostro penultimo simbolo kana inizia con due tratti orizzontali nella metà superiore della cella. Sono linee parallele e la seconda è leggermente più corta. Il terzo tratto è una curva lunga e ampia che inizia alla fine del primo tratto. Dovrebbe incontrare la fine del secondo tratto e svanire nell'area in basso a sinistra della cella.

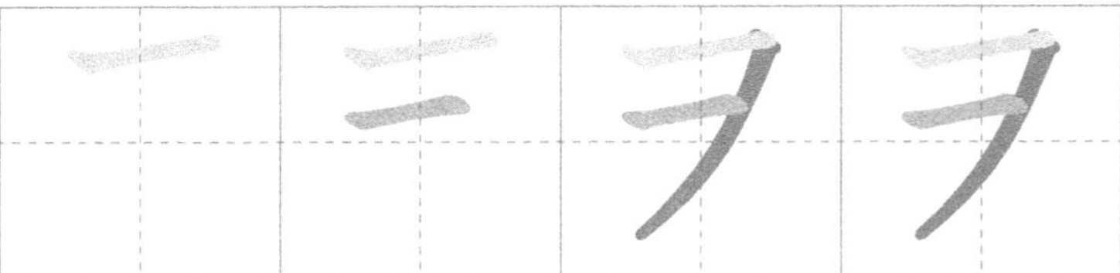

** Kana non comune usato come particella.*

SCRIVI   Prima di tutto, traccia le forme nelle celle sottostanti.

Ora esercitati a disegnare questo carattere nelle celle più piccole.

ン ン n

PARLA Pronunciato come il suono della lettera 'n' in nave.

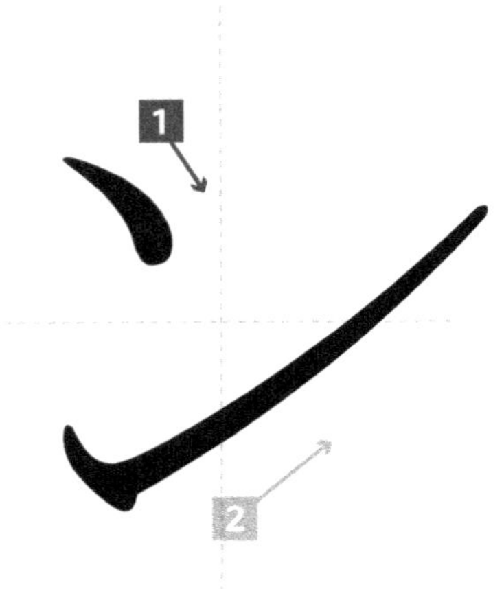

IMPARA Questo kana viene disegnato con due tratti: short stop, fade.

Il nostro Katakana finale di base ン viene facilmente confuso con ソ, quindi è fondamentale che il carattere sia disegnato in modo più ampio. Il primo tratto è una linea abbastanza corta, angolata, quasi verticale, che termina con uno stop. Il secondo tratto è una linea curva più superficiale che corre diagonalmente dal lato inferiore sinistro e fino al lato superiore destro, terminando con una dissolvenza.

SCRIVI

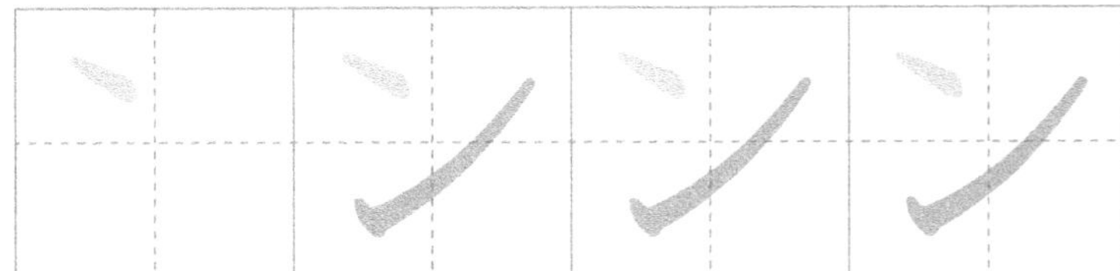

Prima di tutto, traccia le forme nelle celle sottostanti.

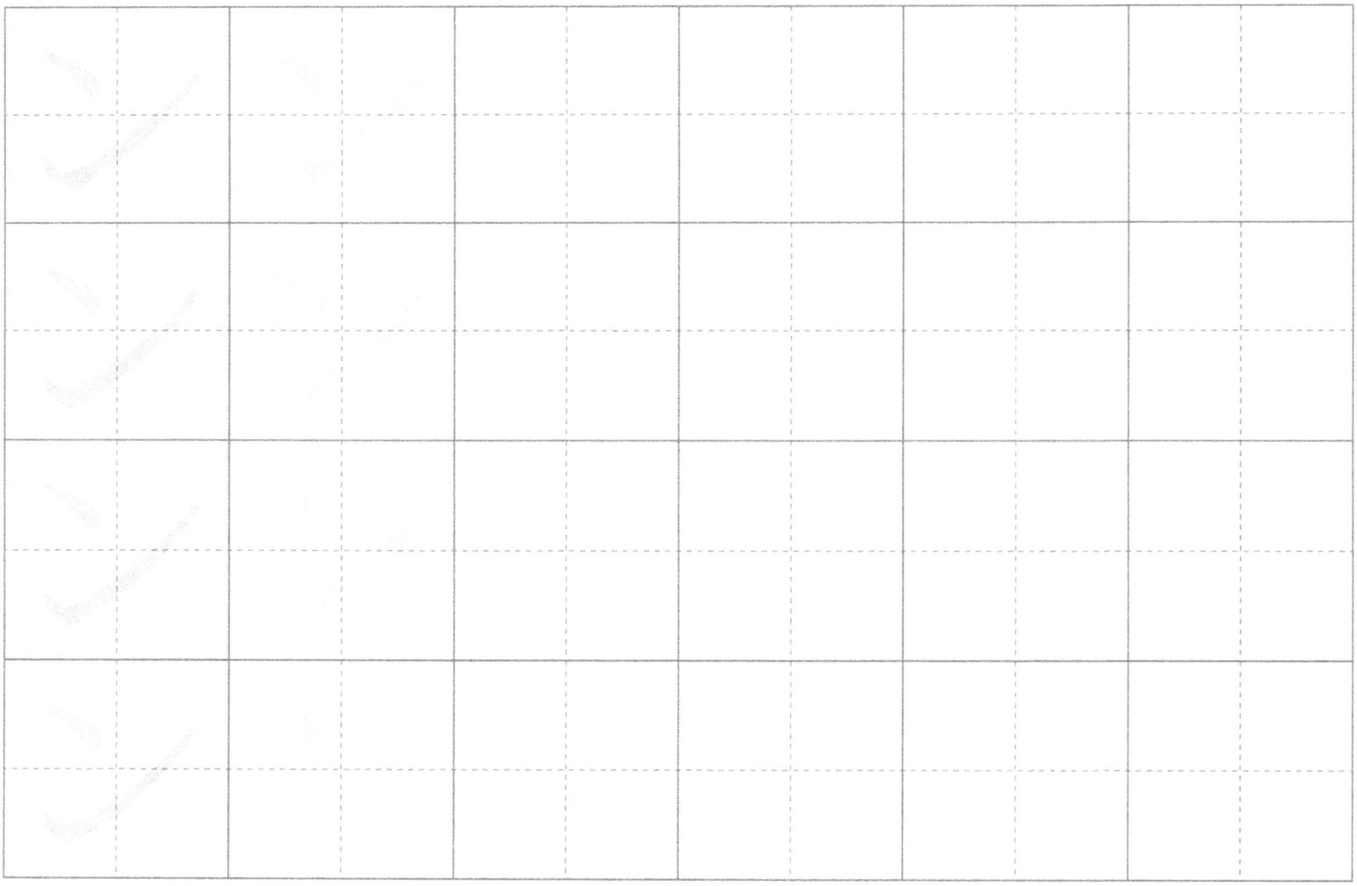

Ora esercitati a disegnare questo carattere nelle celle più piccole.

Parte 3

GENKOUYOUSHI

CARTA ISOMETRICA PER PRATICARSI

Parte 4

FLASH CARDS

DA FOTOCOPIARE OPPURE RITAGLIARE E MANTENERE

ア サ ケ

イ カ ヨ

ム サ サ

エ カ シ

a

Pronunciata come la
'a' in aprirsi.

i

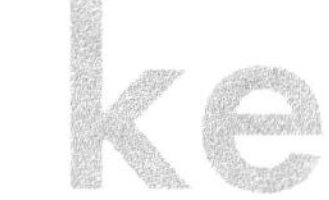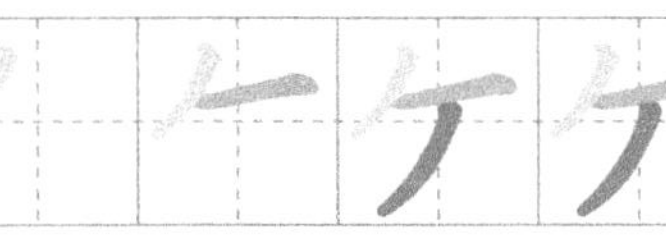

Pronunciato come la 'i'
in piccolo.

u

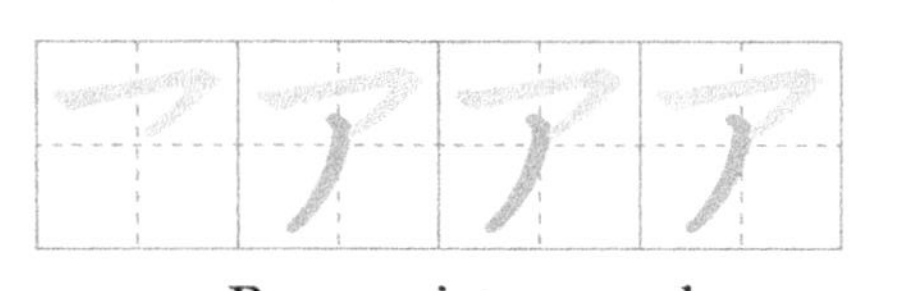

Pronunciato come la
'u' in uno.

e

Pronunciato come il
'e' in evento.

o

Pronunciato come la
'o' in occhio.

ka

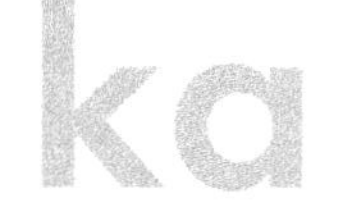

Pronunciato come la
'ca' in cantare.

ki

Pronunciato come il
'chi' in chiamare.

ku

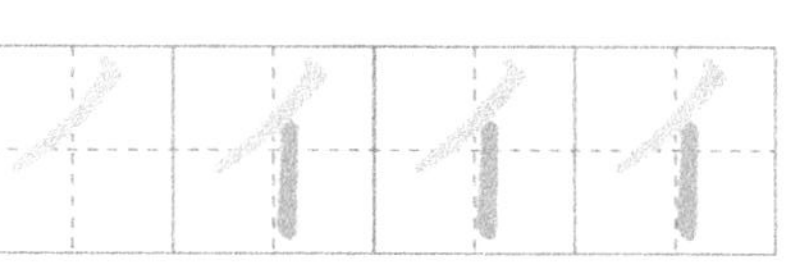

Pronunciato come il
'cu' in cucina.

ke

Pronunciato come la
'che' in chela.

ko

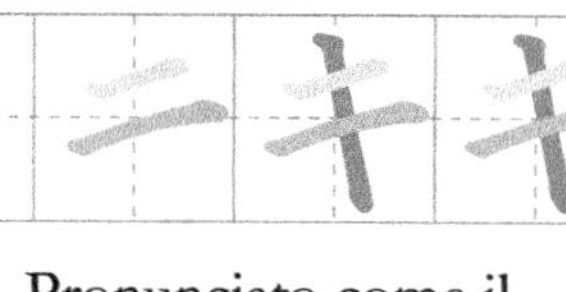

Pronunciato come il
'co' in cometa.

sa

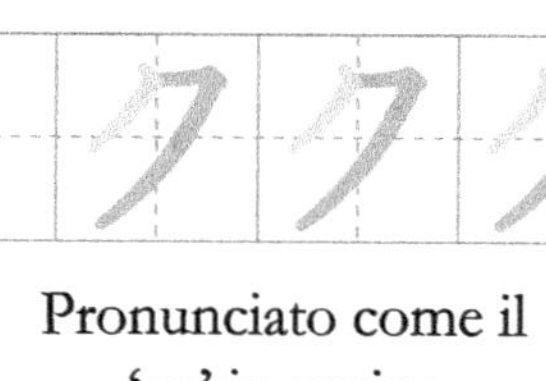

Pronunciato come il
'sa' in sardine.

shi

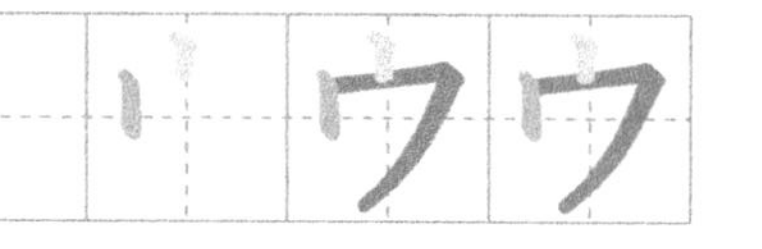

Pronunciato come il
'sci' in sciro.

タ	ソ	セ	ス
ト	テ	ツ	チ
ネ	ヌ	ニ	ナ

su

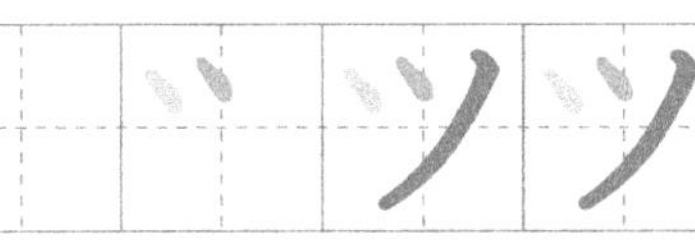

Pronunciato come il
'su' in supermercato.

se

Pronunciato come il
'se' in segale.

so

Pronunciato come la
'so' in dorso.

ta

Pronunciato come il
'ta' in tardi.

chi

Pronunciato come il
'ci' in vicino.

tsu

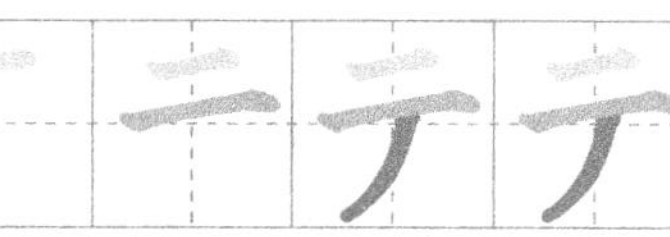

Pronunciato come il 'tsu' in
tsunami, con la 't' silenziosa.

te

Pronunciato come il 'te'
in tempo.

to

Pronunciato come il
'to' in alto.

na

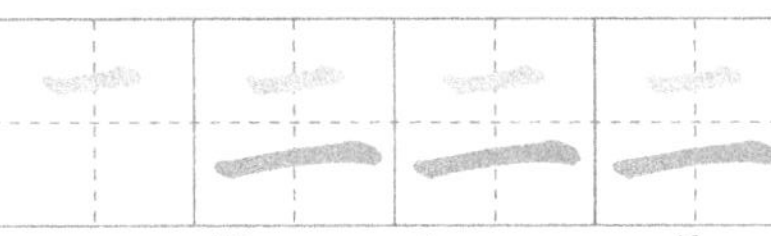

Pronunciato come il
'na' in sonata.

ni

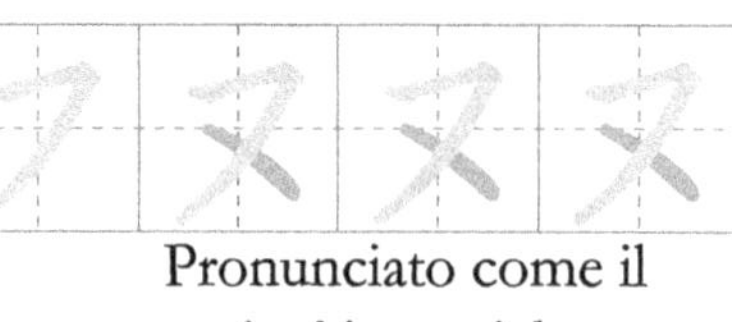

Pronunciato come il
'ni' in nicchia.

nu

Pronunciato come il
'nu' in nuziale.

ne

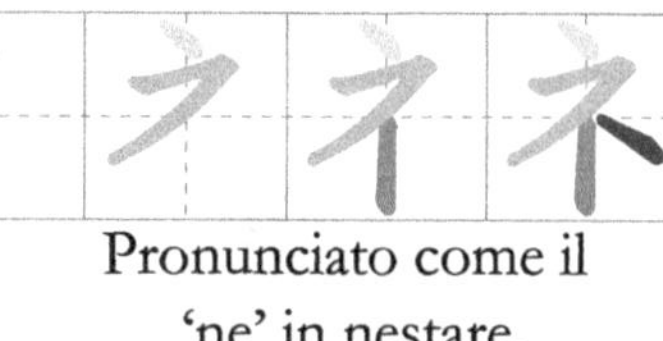

Pronunciato come il
'ne' in nestare.

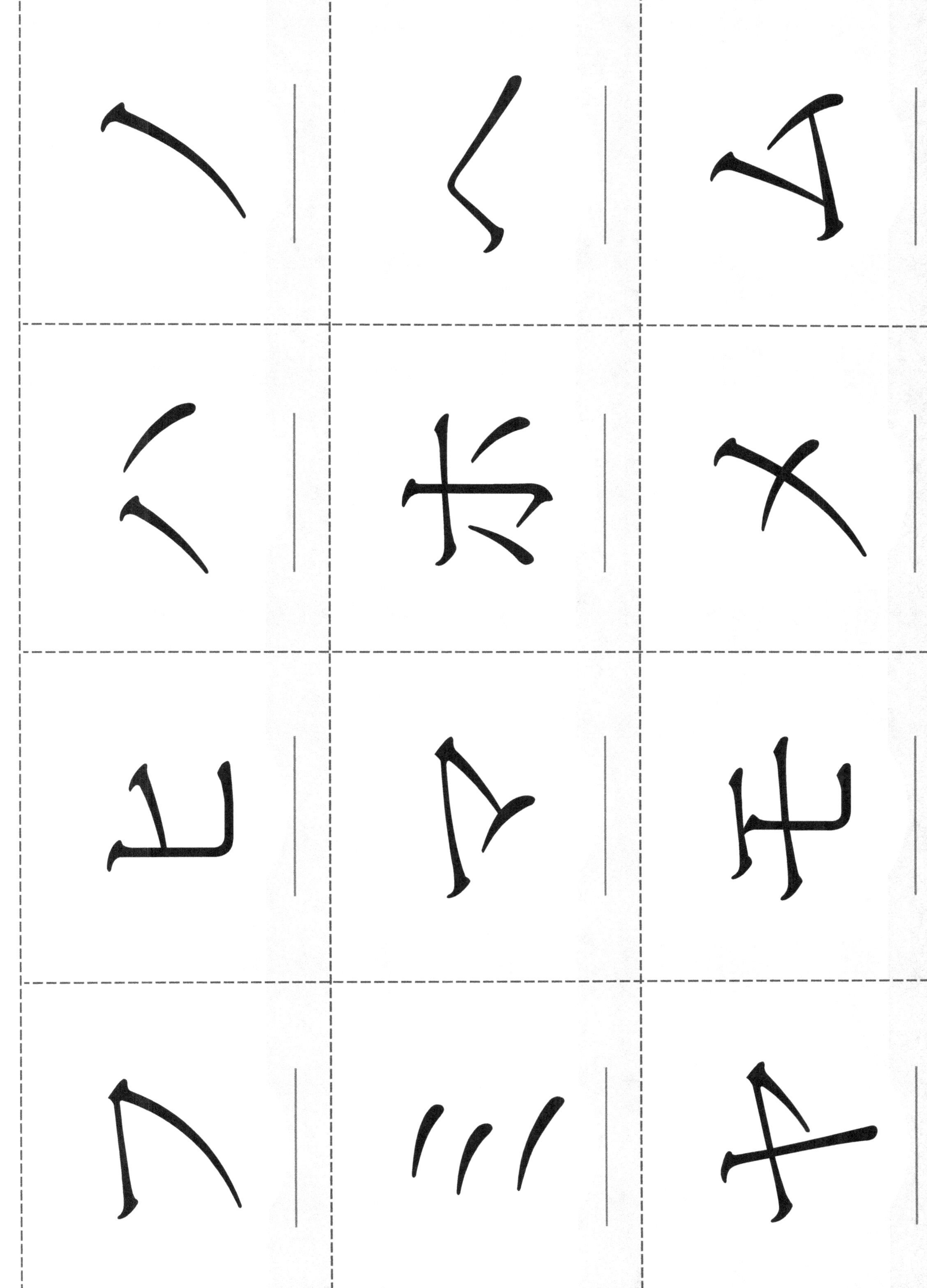

no

Pronunciato come il
'no' in notare.

ha

Pronunciato come la 'ha'
mentre ridi, come ha-ha.

hi

Pronunciato come il
'he' in He o She.

fu

Pronunciato come il
'fu' in fuga.

he

Pronunciato come il 'he' in
Helsinki, con aspirazione.

ho

Pronunciato come il 'or' in
ora, con un suono-h (aspirato).

ma

Pronunciato come il
'ma' in macchina.

mi

Pronunciato come il
'mi' in minuto.

mu

Pronunciato come il
'mu' in musica.

me

Pronunciato come 'meh'
simile al 'me' in mentre.

mo

Pronunciato come il
'mo' in profumo.

ya

Pronunciato come il
'ya' in yahoo.

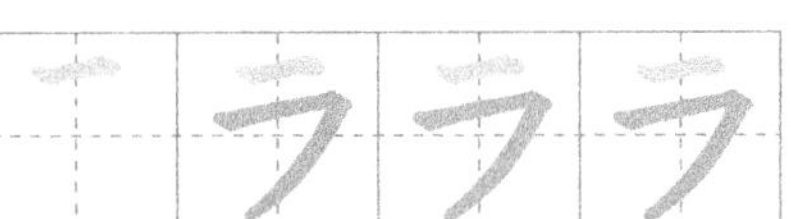

yu

Pronunciato come la
'iu' in fiume.

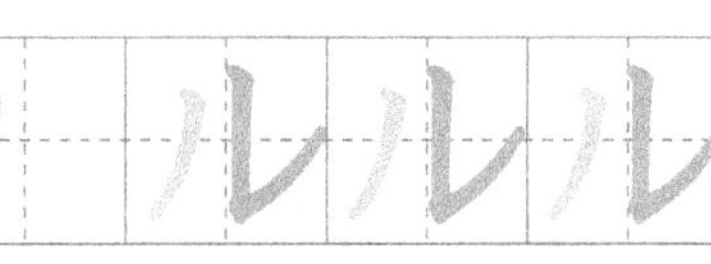

yo

Pronunciato come il
'yo' in yo-yo.

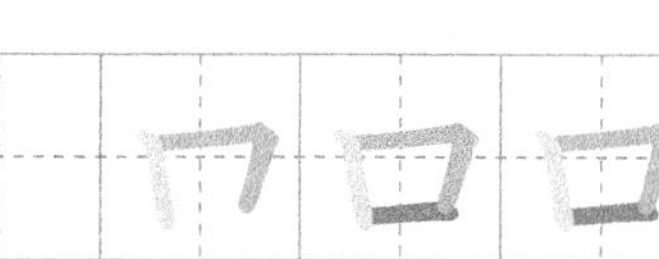

re

Pronunciato come 're'
in rete.

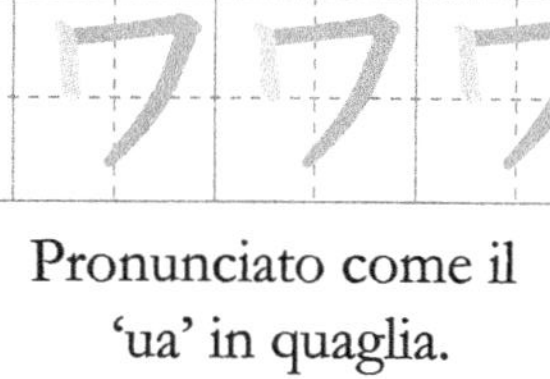

ri

Pronunciato come il
'ri' in righe.

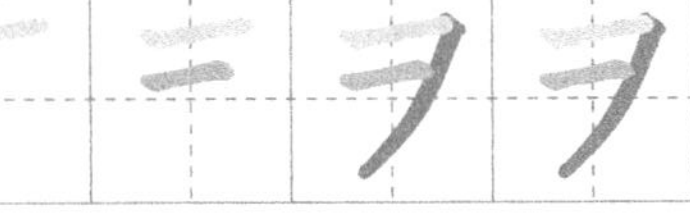

ra

Pronunciato come il 'ra'
in lettura.

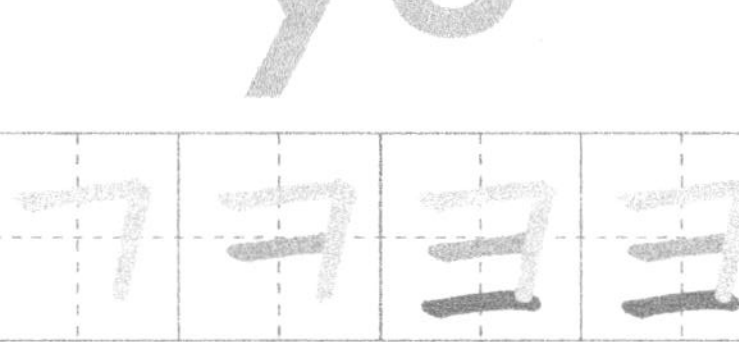

ru

Pronunciato come il
'ru' in ruggito.

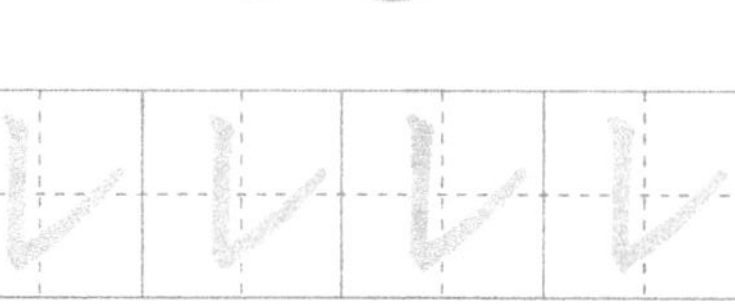

ro

Pronunciato come il 'ro'
in lavaro.

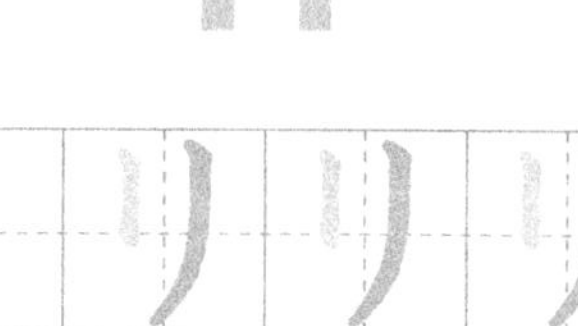

wa

Pronunciato come il
'ua' in quaglia.

wo

Pronunciato come il
'uo' in duomo.

***n**

Pronunciato come il suono
della lettera 'n' in nave.

ありがとう
arigatou

Grazie!

Grazie per aver scelto il nostro libro!

Ora sei sulla buona strada per imparare a leggere, scrivere
e parlare Giapponese e speriamo che ti sia piaciuto il
nostro quaderno Katakana.

Se ti è piaciuto imparare con noi, ci piacerebbe molto
conoscere i tuoi progressi lasciandoci una recensione!

Siamo sempre ansiosi di imparare se c'è qualcosa che
possiamo fare per rendere i nostri libri migliori per i
nostri futuri studenti. Ci impegniamo a rendere disponibili
i migliori contenuti per l'apprendimento delle lingue,
quindi contattaci via e-mail se hai avuto un problema
con uno qualsiasi dei contenuti di questo libro:

hello@polyscholar.comt